Renate Wagner-Wittula

Aus Pfarrers Küche

Die gute Küche der Pfarrersköchinnen

Mit kulinarischen Randbemerkungen von Christoph Wagner

Buchvertrieb Joachim Klinger, Landwiedstr. 199, 4020 Linz,
Tel.Nr. ++43(0)732-382095

Gesamtherstellung: Werbebüro G. Linecker
Grafik und Layout: Sieglinde Füreder
Cover-Entwurf: Günter Linecker
Fotos: Partnerstudios Christoph Goldmann, Friedrich Jansenberger
Requisite: Pia Steinwender
Studioköche: Walther Jäger (Hotel Schillerpark, Linz),
Konditorei Josef Kemetmüller (Neuhofen/Krems)
Kochgeschirr: Firma Rechberger GesmbH, Linz
Druck: Gorenjski Tisk

ISBN 3-7066-2188-6

Renate Wagner-Wittula

Aus Pfarrers Küche

Die gute Küche der Pfarrersköchinnen

Mit kulinarischen Randbemerkungen
von Christoph Wagner

Edition Löwenzahn

Inhalt

Gottgefällige Suppen

Fromme Kleinigkeiten

Herrn Pfarrers Leibspeisen

Süße Versuchungen von der Pfarrersköchin

Der Himmel kocht mit

Ein Domherr, sagt ein altes Sprichwort, ist der Versuch des lieben Gottes, die Haut des Menschen aufs äußerste zu spannen. Und in einem mittelalterlichen Klosterspiegel heißt es: „Die Fastenpredigt eines Mönchs ist wie eine Glocke, die zur Kirche ruft, aber selbst nicht hineingeht."

Der Typus des wohlbeleibten Priesters zieht sich vom ebenso wohlmeinenden wie unheilstiftenden Bruder Lorenzo aus Shakespeares „Romeo und Julia" bis zum gefräßigen Anekdotenhelden Fra Bartolo durch die gesamte Literatur, er ist auf zahlreichen Gemälden und Genrebildern präsent, und es wurde ihm, als stimmgewaltiger Bettelmönch Warlaam in Mussorgskys „Boris Godunow", sogar auf der Opernbühne ein Denkmal gesetzt.

Die Völlerei – soviel steht fest – ist jene der Sieben Todsünden, die man dem Herrn Pfarrer noch am ehesten zutraut, und Hobbypsychologen wissen auch warum: Ein Priester, der strengen Zölibat hält – so meinen sie – muß ein Defizit an ausgelebter Sinnenfreude in Kauf nehmen, das allein schon aus Gründen der Psychohygiene andernorts wieder kompensiert werden muß. In anderen Worten: In fast jedem Priester steckt wohl auch ein kleiner Genießer und damit fast zwangsläufig auch ein kleiner Pharisäer, der Wasser predigt und Wein trinkt.

Sobald es in „Pfarrers Küche" aromatisch zu duften beginnt, dampft auch – vor allem, wenn es um die sogenannten „Entbehrungen" der Fastenzeit geht – eine gewisse Doppelmoral mit. Gerade die katholische Lehre entwickelt in dieser vermeintlich so kargen Zeit nämlich ein erstaunliches Naheverhältnis zu Delikatessen, wie Forellen, Welsen, Hechten, Spiegelkarpfen und Flußkrebsen, und in manchen klösterlichen Refektorien der Barockzeit vermochte man selbst damit nicht das Auslangen zu finden. Da Gott, so argumentierte man, das Wasser nicht nur für Fische, sondern auch für wassernahe Tiere geschaffen habe, sei in der Fastenzeit auch der Konsum von Schnecken, Fröschen, Bibern, Ottern, ja sogar Duckentchen, Reihern und Schwänen durchaus legitim. Immerhin fühlten sich all diese Tiere im Wasser besonders wohl, und da Gott aus diesem Element am Anfang aller Dinge die Erde geschaffen habe, könne ein Wildentenbraten auch in der Fastenzeit nichts wirklich Böses sein.

Mittlerweile ist der „dicke Pfaffe" allerdings nahezu ausgestorben (der fußballspielende Kaplan und der bergsteigende Herr Pfarrer ist schon viel häufiger geworden), und die meisten Priester kümmern sich gottlob um andere, wichtigere und ernstere Probleme. Außerdem hat sich selbst in der Kirche die Überzeugung durchgesetzt, daß Geistliche wie Laien es letztlich mit ihrem Gewissen ausmachen müssen, ob und wann sie fasten oder nicht.

Ob in den Pfarrhöfen heute noch so „verboten gut" gekocht wird wie zur Zeit der barocken Prälaten und Renaissance-Pröpste, sei freilich ebenfalls dahingestellt.

Daß man einer Pfarrersköchin (auch sie ist leider ein im Aussterben begriffenes Exemplar) indessen auch heute noch zutraut, ein bißchen besser als andere zu kochen, das beweisen allein schon die großen Auflagen der Kochbücher von Pfarrhaushälterinnen. Woran es liegt, daß wir in Pfarrers Küche ganz einfach mehr Vertrauen haben als in Lehrers, Apothekers oder Baumeisters Küche, läßt sich schwer sagen. Aber es wird wohl letztlich doch etwas mit der Überzeugung zu tun haben, daß in Pfarrhaushalten auch der Himmel mitkocht und der liebe Gott, wenn wieder einmal gar zu arg geschlemmt wurde, ein Auge zudrückt.

In diesem Sinne wünsche ich Ihnen gutes Gelingen und ebensolchen Appetit!

Renate Wagner-Wittula

Die Rezepte gelten –
wenn nicht anders angegeben –
für 4 Portionen.

Gottgefällige Suppen

Bärlauchsuppe nach Art der hl. Hildegard

Zubereitung:

Die gewaschenen und gut abgetropften Bärlauchblätter in feine Streifen schneiden oder die Kräuter fein hacken. Die Butter in einer Kasserolle zum Schmelzen bringen, gehackte Zwiebeln beigeben, kurz anschwitzen, Bärlauchstreifen untermengen und ebenfalls kurz andünsten lassen. Mehl langsam einrühren und zu einer hellen Einbrenn anschwitzen, die dann nach und nach mit der Rindsuppe aufgegossen wird. Nun läßt man die Suppe unter gelegentlichem Umrühren noch etwa 20 Minuten vor sich hin köcheln. Mit Salz und frisch gemahlenem Pfeffer abschmecken. Weniger „gesund", dafür etwas feiner schmeckt die Bärlauchsuppe, wenn man ihr abschließend noch etwas Obers beimengt und sie nochmals kräftig aufkochen läßt.

Zutaten:

für 4-6 Portionen

1–1,5 l Rindsuppe

Bärlauchblätter (etwa die Menge von 2 Bund oder ersatzweise andere Kräuter wie Kerbel, Estragon, Basilikum, Zitronenmelisse etc.)

40 g Butter

40 g Dinkelmehl

1/2 gehackte Zwiebel

Salz

weißer Pfeffer aus der Mühle

eventuell 200 ml Schlagobers

Pilgersuppe

Zubereitung:

In einer Kasserolle die Butter erhitzen, Mehl einrühren, aufschäumen lassen und mit Wein und Obers löschen. Die Rindsuppe zugießen und alles eine gute Viertelstunde kräftig durchkochen lassen. Inzwischen wird der Hartkäse gerieben, der Weichkäse kleinwürfelig geschnitten, beides mit Rahm gut vermischt und anschließend in die Suppe eingemengt. Gut verrühren und mit Salz, frisch gemahlenem Pfeffer und Muskatnuß würzen, nochmals auf- und auf die gewünschte Konsistenz einkochen lassen. Abschließend wird die Suppe kräftig aufgeschlagen (am besten mit einem Stabmixer). Die fertige Käsesuppe wird je nach Geschmack wahlweise mit einigen Schlagoberstupfern, gehacktem Schnittlauch, gerösteten Weißbrotcroûtons oder gerösteten Speckwürferln serviert. Wirklich hungrige Pilger werden die Suppe vermutlich am liebsten mit allen Einlagen aufgetragen bekommen.

Zutaten:

für 5–6 Portionen

1 l Rindsuppe

2 EL Mehl

2 EL Butter

125 ml spritziger Weißwein

100 ml flüssiges Schlagobers

100 g Hartkäse (Bergkäse, Emmentaler etc.)

50–100 g Weichkäse (Rotschmierkäse, Gorgonzolasorten oder Schmelzkäse)

200 ml Rahm

Salz

weißer Pfeffer aus der Mühle

geriebene Muskatnuß

für die Einlage:
je nach Wunsch geschlagenes Obers, geröstete Weißbrot- oder Speckwürfel und gehackter Schnittlauch zum Bestreuen

Fischbeuschelsuppe

Zubereitung:

Man zerhackt den Karpfenkopf in grobe Stücke, setzt ihn gemeinsam mit den Karkassen, Pfefferkörnern, Lorbeerblatt und der Zwiebel in genügend viel kaltem, mit Salz und Essig aromatisierten Wasser auf und läßt alles eine knappe halbe Stunde vor sich hin köcheln. Nun das Wasser abseihen, aber davon etwa 1 Liter aufbewahren, das Fischfleisch vom Kopf auslösen und ebenfalls beiseite stellen. Das Butterschmalz erhitzen und darin die geraspelten Wurzeln kurz anrösten, Mehl einrühren und kurz danach langsam mit dem Fischsud und Rotwein aufgießen. Die Suppe wird nun noch einige Zeit gut durchgekocht, ehe man den Rogen zügig einrührt, nochmals aufkochen läßt und das klein geschnittene Kopffleisch hinzufügt. Nach persönlichem Geschmack mit Thymian und Pfeffer nachwürzen, in einer Suppenschale anrichten, mit frisch gerösteten Weißbrotcroûtons und gehackter Petersilie garniert servieren.

Zutaten:

- Kopf, Rogen und Karkassen (Fischabschnitte) vom Karpfen
- Pfefferkörner
- Lorbeerblatt
- 1 Zwiebel
- Schuß Essig
- Salz
- insgesamt 100 g geriebenes Wurzelwerk von Karotten, Sellerie und gelben Rüben
- 2 EL Butterschmalz zum Anrösten
- 1 EL Mehl
- 100 ml Rotwein
- Thymian
- Pfeffer aus der Mühle
- gehackte Petersilie
- geröstete Weißbrotwürfel

Pfarrers Hochzeitsbraten

Bei einer ökumenischen Festivität kommen der jüdische Rabbi und der katholische Pfarrer nebeneinander zu sitzen und unterhalten sich übers Essen. Als erster Gang wird eine Grießnockerlsuppe aufgetragen, die der Pfarrer und der Rabbi mit gleichermaßen großem Appetit genießen. Beide preisen den Herrn, der der Welt solche Gottesgaben geschenkt hat. Dann gibt es wahlweise Schweinsbraten oder Fisch. Der Rabbiner, dessen Religion den Genuß von Schweinefleisch verbietet, bestellt selbstverständlich den Fisch, während der Pfarrer sich schon auf einen guten Schweinsbraten freut. Beide Speisen werden aufgetragen. Der Rabbi erhält eine ziemlich zerkochte „Forelle blau", während der Pfarrer sich mit der größten Freude über ein besonders saftiges Stück Schweinsbraten hermacht und lustvoll in die knusprige Kruste hineinbeißt, daß es nur so kracht. Als der Pfarrer sieht, wie freudlos der Rabbi neben ihm in seiner Forelle herumstochert, will er etwas Tröstliches sagen und meint jovial: „Wann wird endlich der Tag kommen, lieber Kollege, an dem auch Sie voll Freude in einen Schweinsbraten beißen dürfen?" – Der Rabbi überlegt nicht lange und antwortet: „Es wird wohl der Tag Ihrer Hochzeit sein, Herr Pfarrer!"

Falsche Rindsuppe für die Fastenzeit

Zutaten:

100 g Butter
2 Bund Wurzelwerk (aus gelben Rüben, Sellerie, Petersilienwurzel)
2 Zwiebeln
1 l Wasser
gehackte Kräuter (Petersilie, Kerbel, Liebstöckel etc.)
Salz
Pfefferkörner
eventuell Gewürznelken
Petersilie zum Bestreuen
für die Grießnockerl:
40 g Butter
80 g Nockerlgrieß (grober Grieß)
1 Ei
Salz
geriebene Muskatnuß

Zubereitung:

Die Zwiebeln blättrig, das Wurzelwerk würfelig schneiden und in der heißen Butter goldbraun rösten. Mit Wasser aufgießen und mit den Gewürzen sowie den Kräutern mindestens 1 1/2 Stunden zugedeckt kochen, nochmals abschmecken. Die Suppe abkühlen lassen und erst dann abseihen, wodurch sie ihre klare Farbe erhält. Inzwischen die Grießnockerl zubereiten, indem die zimmertemperierte Butter flaumig gerührt wird, mit Grieß, Ei und Gewürzen gut abgemengt und danach einige Zeit zum Rastenlassen beiseite gestellt wird. Aus dem Teig mit einem Eßlöffel Nockerl stechen und diese entweder in kochendem Salzwasser oder direkt in der Suppe 5 Minuten kochen und weitere 10 Minuten ziehen lassen. In der inzwischen wieder erhitzten Suppe anrichten und mit gehackter Petersilie bestreuen.

Gründonnerstagssuppe

Zutaten:

für 4–6 Portionen

- 1–1,5 l Rindsuppe
- 300 g frischer Blattspinat (ersatzweise auch tiefgekühlt)
- 2 EL Butter
- 2 EL Mehl
- 1 kleine gehackte Zwiebel
- 200 ml Schlagobers
- Salz
- Pfeffer aus der Mühle
- geriebene Muskatnuß
- 1–2 gepreßte Knoblauchzehen
- eventuell Butter oder Crème fraîche zum Legieren

für die Käsenockerl:

- 200 g Topfen
- 2 EL Butter
- 5 EL geriebener Käse
- 1 Ei
- 1 Eidotter
- 1–2 EL Mehl
- etwas Semmelbrösel
- Salz
- Pfeffer
- geriebene Muskatnuß
- gehackter Schnittlauch (oder Petersilie) zum Bestreuen

Zubereitung:

Der frische Blattspinat wird geputzt, entstielt, in Salzwasser weich gekocht und in kaltem Wasser abgeschreckt. Tiefgekühlter Spinat wird nach Anleitung aufgetaut und kurz angedämpft. Nun den Spinat mit einem scharfen Messer feinst schneiden oder faschieren. In einer Kasserolle die Butter erhitzen, gehackte Zwiebeln anrösten, Mehl einrühren, kurz anschwitzen lassen und nach und nach mit Schlagobers und Suppe aufgießen. Nachdem man die Suppe gut durchkochen hat lassen, fügt man nun den Spinat sowie sämtliche Aromastoffe hinzu und läßt alles nochmals auf die gewünschte Molligkeit hin einkochen. Kurz vor dem Servieren eventuell noch mit etwas Butter oder Crème fraîche legieren oder die Suppe mit dem Stabmixer aufschäumen.

Für die Käsenockerl verarbeitet man alle Zutaten rasch zu einem Teig, den man 1/2 Stunde im Kühlschrank rasten läßt. Aus dem Teig dann mit zwei Kaffeelöffeln kleine Nockerl stechen und diese in kochendem Salzwasser 5 bis 7 Minuten ziehen lassen. Die fertigen Nockerl in der Suppe anrichten und mit gehacktem Schnittlauch bestreuen.

Pater Abraham und die Leckermäuler

Der aus dem Badischen stammende, aber hauptsächlich am Wiener Hof wirkende österreichische Barockprediger Abraham a Sancta Clara (1644–1709) ist zwar kein Kochbuchautor, aber ein bedeutender „Gaumenzeuge" für die – von ihm auf der Kanzel meistens gegeißelten – Eßsitten seiner Zeit. Aus seinem Mund stammt beispielsweise das gegenüber dem Steinmetzmeister David Köhl, der ihn einmal zum Essen einlud, ausgesprochene Bonmot: „Glücklich ist jener Mann, der sich viel Silberg´schirr leisten kann." Und in einer Erläuterung, welchen Geschmack denn das Manna in der Wüste hätte annehmen können, zählt er unter anderem die folgenden Köstlichkeiten auf: „Ein westfälischer Schinken, eine österreichische Lerchen, ein tirolischer Gemsenschlegel, ein schwäbischer Pfannenzelten, eine böhmische Golatschen, ein bayerischer Kirchtagsbrein, ein schweizerischer Zieger, eine spanische Schoccolada, ein türkischer Scherbett, eine welsche Stufata." Sancta Clara geißelte vor allem auch die Unsitte, daß man in Wien italienischen und in Rom Rhein- und Neckarwein verlangte, und er wehrte sich massiv gegen den offenbar damals schon grassierenden Brauch, diverse an die Jahreszeit gebundene Genüsse auch außerhalb der Saison zu begehren: „Wann sie nicht junge Hiendl und Spargl im Januario, jungen Rättich im Februario, Salat im Mertzen, Maurachen im Aprill, junge Vögl im May, Kerschen und Marillen im Junio, Weintrauben im Julio, junge Capauner im Augusto, frische Lemoni im September, Austern im Oktober, neuen Wälsch- und Tyroler Wein im November, und Spanischen im Decemeber haben, so ist es nichts Rares; und will hierinfalls ein jeder der Erste im Delectiren, Paraphiren und Tractiren seyn." Zu seinen Werken zählen übrigens auch recht vielversprechende Titel wie „Wohlangefüllter Weinkeller", aber auch solche, die wenig Gutes ahnen lassen, wie etwa eine Abhandlung über das „Huy und Pfuy der Welt".

Freitagssuppe

Zubereitung:

Die Gemüse werden gewaschen und – ausgenommen die Champignons und Erbsen – je nach Sorte geschält bzw. geputzt, kleinwürfelig oder blättrig geschnitten und gemeinsam mit dem Kräutersträußchen in der Suppe nahezu weich gekocht. Nun die blättrig geschnittenen Champignons und die Erbsen hinzufügen und kurz durchkochen lassen. Suppe abseihen und ebenso wie die Gemüsestückchen beiseite stellen. In einer Kasserolle Butter aufschäumen lassen, Mehl einrühren, kurz anschwitzen und dann langsam mit der abgeseihten Gemüsesuppe aufgießen. Die Gemüsestückchen ebenfalls untermengen, das Kräutersträußchen entfernen und die Suppe nochmals kräftig kochen lassen. Mit Salz, Pfeffer und Muskatnuß abschmecken. Nachdem man den Topf vom Feuer genommen hat, wird die Suppe noch mit einem Schuß Schlagobers und dem rasch eingerührten Eidotter gebunden. Mit gehackter Petersilie oder Schnittlauch bestreut servieren.

Zutaten:

für 4–6 Portionen
1–1,5 l Rinds- oder Kalbsknochensuppe
300 g gemischtes Gemüse (etwa Karfiolröschen, Kohlrabi, Karotten, Kohlsprossen, Erdäpfel, Kohl, Fisolen etc.)
50 g Erbsen
50 g Champignons
1 Kräutersträußchen
Salz
Pfeffer
geriebene Muskatnuß
1–2 EL Mehl
1–2 EL Butter
Schuß Schlagobers
1 Eidotter
gehackte Petersilie oder Schnittlauch zum Bestreuen

Kirchweihsuppe

Zubereitung:

In etwa 4 Liter kaltem Salzwasser wird zunächst das Fleisch aufgestellt und zum Kochen gebracht. Sobald sich Schaum absetzt, diesen mehrmals abschöpfen und nun sämtliche Gemüse und Gewürze mit Ausnahme des Kräutersträußchens beigeben und die Suppe mindestens zwei Stunden kochen lassen. Das weich gekochte Fleisch sauber auslösen und – so man das Fleisch in der Suppe mitservieren möchte – kleinwürfelig schneiden und warm halten. Die Suppe abseihen, das Kräutersträußchen in ein Leinensäckchen binden, in die Suppe geben, etwas ziehen lassen und wieder entfernen. Schlagobers und Rahm gut mit den Eidottern und etwas Mehl – je nach gewünschter Molligkeit – verrühren und langsam in die Suppe einfließen lassen, wobei die Suppe nicht mehr kochen, sondern nur mehr leicht wallen darf. Mit einem Schuß Weißwein und gegebenenfalls mit Salz und Pfeffer abschmecken. Je nach Belieben das Fleisch gemeinsam mit der Suppe servieren (es kann aber auch separat, etwa mit Semmelkren, als Hauptgericht serviert werden), oder aber die Kirchweihsuppe mit selbstgemachten Backerbsen oder gerösteten Weißbrotwürfeln als Einlage anrichten.

Zutaten:

(für 15–20 Portionen)

1 kg durchwachsenes Rindfleisch zum Kochen

500 g Lammschulter

1 Huhn

2 Bund Wurzelwerk (aus Sellerie, Porree, Karotten und Petersilwurzeln)

1 große Zwiebel

einige Knoblauchzehen

Kräutersträußchen (etwa aus Basilikum, Zitronenmelisse, Liebstöckel)

Pfefferkörner

Neugewürzkörner

Lorbeerblatt

Muskatblüten

1/2 Zimtstange

Safranfäden

Salz

Zitronenschale

3/4 l Schlagobers

3/4 l Rahm

6 Eidotter

kräftiger Weißwein

Mehl zum Stauben

Kardinalsuppe

Zutaten:

für 5–6 Portionen

- 1–1,5 l Rinds- oder Kalbsknochensuppe
- 1 kg Paradeiser (oder ersatzweise bereits geschälte Tomaten aus der Dose)
- kräftiger Schuß Rotwein
- Thymian
- Lorbeerblatt
- Saft und Schale von 1/2 Zitrone
- Salz
- Pfefferkörner
- 2–3 EL roher Reis
- eventuell Stärkemehl
- frisch geriebener Parmesan zum Bestreuen
- Basilikumblätter zum Garnieren

Zubereitung:

Zunächst die Paradeiser in etwas kochendem Wasser einige Sekunden lang pochieren (überbrühen), wonach sie sich leicht schälen lassen. Die geschälten Paradeiser gemeinsam mit dem Rotwein sowie allen Aromastoffen in der Rindsuppe gut aufkochen. Sobald die Paradeiser weich sind, die Suppe grob passieren, wobei die Gewürze und Paradeiserkerne entfernt werden, das Fruchtfleisch aber in der Suppe erhalten bleiben soll. Reis in die Suppe einrühren und weichkochen. Sollte die Suppe noch nicht sämig genug sein, so rührt man am besten noch etwas mit Rotwein vermengtes Stärkemehl ein und läßt alles nochmals kräftig durchkochen. Die Suppe in Schalen anrichten und mit frisch geriebenem Parmesan bestreuen und mit je einem Basilikumblatt garnieren.

Bischofsration

Da über die Verpflegung von Bischöfen auf ihren Inspektionsreisen durch die Klöster ihrer Diözesen offenbar recht unterschiedliche Vorstellungen herrschten, sah sich Karl der Kahle im Jahr 844 gezwungen, die Versorgung der hohen geistlichen Herren auf dem Erlaßwege klarzustellen: Pro Inspektion, so verfügte der Kaiser, habe ein Bischof Anspruch auf 50 Laibe Brot, 10 Hühner, 50 Eier und 5 Spanferkel. Es muß allerdings hinzugefügt werden, daß ein Bischof dazumal mit seinem Sekretär zu reisen pflegte. Es handelte sich also um zwei geistliche Esser.

Martinssuppe

Zutaten:

für 4–6 Portionen

Gänseklein von 1 Gans (Hals, Herz, Magen, Leber, eventuell zusätzlich noch Hühnerflügerl oder ersatzweise alles vom Huhn)

1 Bund Suppengemüse für die Suppe

1/2 Zwiebel

50 g Lauch

Liebstöckel

Salz

Pfefferkörner

Suppengemüse für die Einlage (Karotten, Sellerie, Karfiolröschen, Erbsen, Champignons etc.)

Butter zum Anbraten

1–2 EL Gänsefett oder Butter

1–2 EL Mehl

200 ml Schlagobers

Muskatnuß

gehackte Petersilie

Zubereitung:

Das Gänseklein mit Ausnahme der Leber gemeinsam mit dem Suppengemüse, Zwiebel, Lauch und den Gewürzen in etwa 1 bis 1,5 l Salzwasser aufstellen und so lange kochen, bis das Fleisch weich ist. Nun die Suppe abseihen und beiseite stellen, das Fleisch behutsam von den Knochen lösen (dabei auf kleine Knöchelchen bzw. Splitter achten!) und kleinwürfelig schneiden. Inzwischen das Suppengemüse, das man auch mitservieren möchte, separat in Salzwasser schön knackig kochen. Leber extra in etwas aufgeschäumter Butter kurz anbraten und würfelig schneiden. Gänsefett oder Butter erhitzen, Mehl und gehackte Petersilie einrühren, kurz anschwitzen lassen und langsam mit Suppe und Schlagobers aufgießen. Nochmals etwa eine Viertelstunde gut durchkochen lassen. Geschnittenes Gänsefleisch, Leber sowie das gewürfelte Suppengemüse einmengen, kurz nochmals erwärmen, mit Muskatnuß abschmecken und servieren.

Krampustopf

Zutaten:

für ca. 5 Portionen

250 g getrocknete Bohnen (oder 500 g Dosenbohnen)

300 g Kaiserfleisch

Salz

Pfefferkörner

Lorbeerblatt

3 EL Schmalz oder Fett

2 gehackte Zwiebeln

1 grüne Paprikaschote

1 rote Paprikaschote

1 EL Mehl

1–2 EL Paprikapulver

1,5 l Bohnensud oder Rindsuppe

Majoran

Essig

1 Paar Debreziner oder andere scharfe, aromatische Würste

Zubereitung:

Die getrockneten Bohnen werden über Nacht in Wasser eingeweicht und am nächsten Tag entweder in diesem Einweichwasser oder in frischem Wasser gemeinsam mit dem Kaiserfleisch sowie Salz, Pfefferkörnern und Lorbeerblatt weich gekocht. In einer Kasserolle das Schmalz erhitzen, die Zwiebeln darin anrösten, in Streifen geschnittene Paprikaschoten zugeben, mit Mehl stauben, anschwitzen lassen, Paprikapulver zügig einrühren und sofort mit etwa 1,5 l des Bohnensuds (oder Rindsuppe) aufgießen. Nun die Suppe mit Majoran und wenn nötig nochmals Salz würzen und mindestens 20 Minuten kochen lassen. Inzwischen das weich gekochte Kaiserfleisch in kleine, mundgerechte Würfel, die Debreziner in Scheiben schneiden. Fleisch, Würstel und Bohnen in die siedende Suppe mengen, mit einem Schuß Essig abschmecken und nochmals kräftig aufkochen lassen. Mit frischem, knusprigen Stangenbrot servieren.

Die Leichen in Pfarrers Keller

Als der St. Pöltener Diözesanbischof einmal anläßlich einer Inspektion im Pfarrhof einer Wachauer Weingemeinde zu Gast war, führte ihn der Pfarrer nicht nur durch den Pfarrhof, sondern auch in den alten gotischen Weinkeller. Als der Bischof zufällig in einem kleinen Nebenraum einen ganzen Turm von ausgetrunkenen Weinflaschen erspähte, sagte er tadelnd: „Sie haben hier ja einen ganzen Friedhof voller Weinflaschen untergebracht!" Der Wachauer Pfarrer überhörte den klammheimlichen Vorwurf und antwortete: „Euer Exzellenz brauchen sich keine Sorgen zu machen. Es handelte sich ausschließlich um christliche Begräbnisse mit geistlichem Beistand."

Fromme Kleinigkeiten

VESPERROULADE

Zubereitung:

Die Eier zunächst in Eiklar und Eidotter trennen. Die Butter danach schaumig rühren, mit Rahm und Eidottern gut vermengen. Das Eiklar mit einer Prise Salz zu steifem Schnee schlagen und abwechselnd mit dem Mehl unter den Dotterabtrieb heben. Das Backrohr auf 200 °C vorheizen, ein Backblech gut mit Butter bestreichen oder mit Backpapier auslegen, den Teig wie für eine Biskuitroulade darauf streichen und etwa 8–12 Minuten goldgelb backen. Inzwischen die Fülle zubereiten, indem man den Beinschinken faschiert oder sehr fein hackt, in einer Pfanne die Butter erhitzt und darin die Schinkenmasse gemeinsam mit den Kräutern langsam erwärmt. Nun die fertig gebackene Roulade auf ein Küchentuch oder eine leicht bemehlte Arbeitsfläche stürzen, mit der Schinkenfülle bestreichen und behutsam zusammenrollen. Auskühlen lassen und in Scheiben geschnitten servieren.

Zutaten:

5 Eier

100 g zimmertemperierte Butter

100 g Mehl

4 EL Rahm

Salz

Butter zum Bestreichen

für die Fülle:

300 g Beinschinken, gekochtes Geselchtes oder andere Wurstreste

1–2 EL gehackte frische Kräuter (Petersilie, Estragon etc.)

1–2 EL Butter

Die Buße

Der junge Kaplan aus der Stadt, der in dem kleinen Bergdorf soeben seinen Dienst angetreten hat, ist noch recht unsicher, was das Ausmaß der Bußen betrifft, die er den armen Sündern im Beichtstuhl auferlegen soll und fragt den Pfarrer um Rat. „Laß Dein Herz sprechen", sagt dieser, „und wenn dieses dir keine Antwort gibt, dann frag mich." Als der Kaplan das nächste Mal dem Hutterer-Pepi die Beichte abnimmt, bekennt ihm dieser, daß er wildern gegangen sei und eine Gams geschossen habe. Der Kaplan, mit derlei ländlichen Sünden nicht vertraut, bittet den Pepi, einen Moment im Beichtstuhl zu verharren und solange das Glaubensbekenntnis zu beten, bis er wiederkommt. Unterdessen läuft er in den Pfarrhof hinüber und fragt ganz aufgeregt: „Herr Pfarrer, ich hab´ einen Wilderer bei der Beichte, der eine Gams geschossen hat. Was soll ich ihm geben?" Der Herr Pfarrer zögert nicht lange und erwidert: „Auf keinen Fall über fünfzig Schilling fürs Kilo, denn mehr zahl´ ich auch nie!"

Teufelskrallen

Zubereitung:

Käse fein reiben und gemeinsam mit Butter, Mehl, Eidotter und Gewürzen rasch zu einem geschmeidigen Teig kneten und 1/2 Stunde kühl rasten lassen. Den Teig auf einer bemehlten Arbeitsfläche 2–3 mm dick ausrollen, in gleichmäßige kleinere Streifen teilen, die man dann spiralenförmig eindreht. Ein Backblech mit Backpapier auslegen, die Krallen darauf legen und mit Ei bestreichen. Dann üppig mit dem ungemahlenen Mohn bestreuen und im inzwischen auf 200 °C vorgeheizten Backrohr 10–15 Minuten backen. Möchte man die Teufelskrallen nicht ganz so teuflisch scharf, so läßt man den Cayennepfeffer und das Paprikapulver einfach weg.

Zutaten:

- 200 g fetter Hartkäse (beispielsweise Vorarlberger Bergkäse)
- 200 g Butter
- 200 g Mehl
- 1 Eidotter
- Salz
- Cayennepfeffer
- scharfes Paprikapulver
- Mehl für die Arbeitsfläche
- nicht gemahlener Mohn zum Bestreuen
- Ei zum Bestreichen

Büsserkarpfen

Zutaten:

500 g Karpfenfilet mit Haut
Salz
Essig
2 Zwiebeln
1 Bund Wurzelwerk
Pfefferkörner
Lorbeerblatt
12 Blatt Gelatine
3 hartgekochte Eier
gekrauste Petersilien- und Kerbelblätter

Zubereitung:

Die Karpfenfilets zunächst mit Hilfe einer Küchenpinzette sorgfältig entgräten, wenn nötig, noch entschuppen und danach kräftig mit Salz einreiben. Nun ziemlich stark mit Essig aromatisiertes Salzwasser zum Kochen bringen, damit die Fischfilets übergießen und den Karpfen darin – nicht am Feuer – mindestens 20 Minuten ziehen lassen. Währenddessen werden die in grobe Stücke zerteilten Zwiebeln, das in Streifen geschnittene Wurzelwerk sowie die in ein Leinensäckchen oder Teebeutelchen gebundenen Gewürze eine gute halbe Stunde lang in Salzwasser gekocht. Danach den Karpfen aus dem Essigwasser heben und in diesem Gemüsesud etwa 15 Minuten knapp unter dem Siedepunkt ziehen lassen. Sobald der Karpfen fertig gegart ist, herausheben, eventuell nochmals entgräten und die Haut – je nach Vorliebe – entfernen oder lassen. Bevor der Sud nun bei starker Hitze auf etwa 1/2 Liter einreduziert (eingekocht) wird, werden die Gemüsestreifchen herausgenommen und beiseite gestellt sowie das Gewürzsäckchen und die Zwiebeln entfernt. Hat sich der Sud auf die gewünschte Menge reduziert, so werden die in kaltem Wasser eingeweichten Gelatineblätter ausgedrückt, im Sud aufgelöst und dieser daraufhin kalt gestellt. In eine passende Form oder Schüssel etwas überkühlten Sud eingießen und an einem kühlen Ort (Kühlschrank) anstocken lassen. Zieht das Gelee an, so werden in der Form die in Scheiben geschnittenen Eier sowie die Kräuterblätter drapiert und mit etwas Sud zugedeckt, den man abermals etwas anziehen läßt. Nun die Karpfenstücke und die Wurzelstreifen in der Form verteilen, mit dem restlichen Sud begießen und über Nacht bzw. 12 Stunden kalt stellen. Vor dem Stürzen empfiehlt es sich, die Form kurz in heißes Wasser zu stellen.

Agapenhappen

Zutaten:

4 Vollkornweckerl (oder 8 Vollkornbrotscheiben)
8 Scheiben Frühstücksspeck
1 grüne Paprikaschote
für den Aufstrich:
200 g zimmertemperierte Butter
200 g Topfen
1–2 EL Frischkäse oder Rahm
1 gehackte Zwiebel
1–2 zerdrückte Knoblauchzehen
2 KL gehackte Kapern
Sardellenpaste
Paprikapulver
Tomatenmark
Dijonsenf
Worcestershiresauce
nach Belieben Tabascosauce
Salz
Pfeffer
gehackte Petersilie

Zubereitung:

Zunächst den Aufstrich zubereiten, indem die streichfähige Butter mit sämtlichen Zutaten gut verrührt und je nach Vorliebe mehr oder weniger pikant abgeschmeckt wird. Dabei ist darauf zu achten, daß der Aufstrich eine cremig-streichfähige, aber keinesfalls zu flüssige Konsistenz haben sollte. Nun die Kornwekkerl aufschneiden und den Aufstrich dick auf alle Brötchenhälften auftragen. Den Speck sowie den Paprika in dünne Streifen schneiden und auf dem Aufstrich üppig drapieren. Das Backrohr auf 220 °C vorheizen, ein Backblech mit Backpapier auslegen. Die Weckerl auf das Backblech legen und (bei starker Oberhitze) so lange überbacken, bis der Speck knusprig ist. (Da die Weckerlhälften leicht umkippen, ist es empfehlenswert, sie in eine mit Backpapier ausgelegte feuerfeste Form möglichst eng nebeneinander zu legen.) Die Agapenhappen werden heiß serviert, vor dem ersten Bissen sollte man jedoch noch etwas zuwarten.

Es gibt auch christliche Ostereier

Einem wahrhaften Gottesmann ist die – durchaus berechtigte – Annahme, daß es sich bei den Ostereiern um einen rein heidnischen Brauch handle, seit jeher ein Dorn im Auge. Andererseits: Welcher gute Pfarrer wollte seiner Herde schon das vergnügliche Eiersuchen und Eierpecken verbieten? Also sannen die seit jeher gerne um die Ecke denkenden Jesuiten nach einem Ausweg und erklärten das Ei schlichtweg zum Symbol der Vollkommenheit, aber gleichzeitig auch der Zerbrechlichkeit durch die in die Welt gelangte Sünde. Das einfache Gottesvolk, dem diese theologische Spitzfindigkeit wie so oft zu hoch war, zimmerte sich jedoch eine andere Rechtfertigung des heidnischen Ostereis zurecht: Das Eigelb, so sagte man, symbolisiere den gekreuzigten Leib Jesu, das Eiweiß die Grabtücher und die Schale das Grab selbst. Durch das Eierpecken konnte man die Auferstehung des Herrn daher selbst Kindern anschaulich machen. Und sogar für das lustige Ostereiersuchen findet sich eine ebenso plausible wie gottgefällige Erklärung: „Sage mir, wohin du ihn gelegt hast?“ (Johannes 20, 15), fragt nämlich die im Garten nach Jesu Leichnam suchende Maria Magdalena.

Augustiner-Eier

Zubereitung:

Den fein gehackten Schinken mit Essiggurken, Parmesan und Kapern vermengen und die Eidotter unterrühren, würzen. Eiklar mit einer Prise Salz zu steifem Schnee schlagen und vorsichtig unter die Dottermasse heben. Inzwischen das Backrohr auf etwa 180 °C vorheizen, entweder je ein kleines Auflaufförmchen oder eine größere Auflaufform sehr dick mit Butter ausstreichen. Die ganzen Eier behutsam aufschlagen und in die Form gleiten lassen, ohne das Eidotter dabei zu zerstören. Die gehackten Kräuter darüber streuen, die vorbereitete Schinken-Eiermasse eingießen und etwa eine Viertelstunde im Backrohr goldgelb backen.

Zutaten:

- 4 ganze Eier
- 4 Eier in Eiklar und Dotter getrennt
- 1–2 gehackte Essiggurken
- 100 g fein gehackter Beinschinken
- 2 EL geriebener Parmesan
- 1 KL gehackte Kapern
- Salz
- Pfeffer aus der Mühle
- Muskatnuß
- 3 EL gehackte Kräuter (Petersilie, Schnittlauch, Kerbel, Estragon etc.)
- Butter für die Form

PAULANER WEISSWÜRSTE

Zubereitung:

Zunächst das enthäutete Fischfilet mit einer kleinen Pinzette gründlichst entgräten und faschieren. Die Semmeln in Milch oder Wasser einweichen, gut ausdrücken und ebenfalls faschieren oder passieren, die gehackten Zwiebeln in etwas heißer Butter hell anrösten und leicht überkühlen lassen. Die Butter mit den Eiern schaumig rühren und sorgfältig mit dem faschierten Fischfilet, den passierten Semmeln, den gerösteten Zwiebeln, den Gewürzen und Kräutern sowie etwas Semmelbröseln vermengen. Die Masse etwas anziehen lassen und danach kleine Würstchen daraus formen. Salzwasser aufkochen und die „Weißwürste" darin etwa 10–15 Minuten lang leicht wallen lassen. Butter aufschäumen und die Würstel damit übergießen.

Zutaten:

500 g enthäutetes Hecht- oder Zanderfilet
1/2 gehackte Zwiebel
Butter zum Andünsten
2 altbackene Semmeln
Wasser oder Milch zum Einweichen
50 g zimmertemperierte Butter
2 Eier
Salz
Pfeffer aus der Mühle
geriebene Muskatnuß
Majoran
gehackter Estragon
gehackte Petersilie
1–2 EL Semmelbrösel
braune Butter zum Übergießen

Ministranten-Ostereier

Zubereitung:

Die hartgekochten Eier, schälen und klein hacken. Den Oster- oder Beinschinken sowie den Emmentaler kleinwürfelig schneiden. Die Butter erhitzen, Mehl einrühren, kurz aufschäumen lassen und mit wenig Milch aufgießen, wodurch eine ziemlich dickliche Einmach entstehen sollte. Die Einmach nun mit den gehackten Eiern, den Schinken- und Käsewürfeln, dem Ei sowie sämtlichen Gewürzen und dem Parmesan gut vermengen und auskühlen lassen. Die erkaltete Masse dann zu eierähnlichen Kroketten formen, in Semmelbröseln wälzen und rasch in heißem Fett herausbacken. Gut abtropfen lassen oder mit Küchenkrepp abtupfen und warm servieren.

Zutaten:

4 hartgekochte Eier
200 g gekochter Osterschinken oder Beinschinken
200 g Emmentaler
30 g geriebener Parmesan
30 g Butter
30 g Mehl
etwas Milch
1 Ei
Salz
Pfeffer aus der Mühle
geriebene Muskatnuß
Semmelbrösel zum Wälzen
Butterschmalz oder Öl zum Backen

Äbtissinnengeheimnis

Zutaten:

für 4–6 Portionen

8–10 Scheiben Weißbrot oder 4–5 altbackene Semmeln

3 Schalotten (ersatzweise 1 kleine Zwiebel)

250 g gekochtes Geselchtes oder Schinken

250 g geriebener Emmentaler

Weißwein zum Tränken

gehackte Petersilie

2 Eier

1 Eidotter

200 ml Schlagobers

200 ml Milch

250 g Topfen

Salz

Pfeffer aus der Mühle

Muskatnuß

Butter zum Andünsten und Ausstreichen

Zubereitung:

Das Geselchte grobwürfelig, die Schalotten sehr fein hacken und die Semmeln in Scheiben schneiden. Etwas Butter in einer Pfanne erhitzen, die Schalotten darin anschwitzen und die Schinkenwürfel kurz darin schwenken. Eine passende Auflaufform gut mit Butter ausstreichen. Nun die Weißbrotscheiben in die Form einlegen, mit etwas Weißwein beträufeln, etwas von dem Schinken-Zwiebelgemisch darüber verteilen, Emmentaler und Petersilie darüber streuen und diesen Vorgang so lange wiederholen, bis alles verbraucht ist. Die letzte Schicht sollte Käse sein. Milch, Topfen, Schlagobers, Eier und Eidotter gut mit den Gewürzen verrühren und über den Auflauf gießen. Das Backrohr auf 200 ° C vorheizen und den Auflauf etwa 40–50 Minuten hellbraun backen.

Diakonissinnen-Bissen

Zutaten:

für 6–8 Portionen
- 2 Pk. Blätterteig (tiefgekühlt)
- 250 g Champignons
- 1/2 Zwiebel
- Butter zum Anbraten
- 4 EL blanchierter Blattspinat
- 1 zerdrückte Knoblauchzehe
- Salz
- Pfeffer aus der Mühle
- 4 EL gewürfelter Schafmischkäse
- 2 Eier
- Muskatnuß
- Mehl für die Arbeitsfläche
- Eidotter zum Bestreichen
- geriebener Parmesan zum Bestreuen

Zubereitung:

Die Champignons sorgfältig putzen und in Scheiben schneiden, die Zwiebel fein hacken. In einer Pfanne Butter erhitzen, die gehackten Zwiebeln darin anschwitzen. Den blanchierten (mit kochendem Wasser überbrühten), gut abgetropften Blattspinat mit einem scharfen Messer mehrmals durchschneiden und gemeinsam mit den Champignons in der Zwiebelmischung kurz andünsten. Mit Knoblauch, Salz und frisch gemahlenem Pfeffer würzen, dann den mit einer Gabel grob zerdrückten Schafkäse untermengen. Die Eier gut miteinander versprudeln, mit einer Prise Muskatnuß würzen und über die Spinatmasse gießen, verrühren und kurz anstocken lassen. Sind die Eier gestockt, Pfanne vom Feuer nehmen und die Masse erkalten lassen. Währenddessen auf einer bemehlten Arbeitsfläche den aufgetauten Blätterteig dünn ausrollen, in regelmäßige Vierecke schneiden, die inzwischen ausgekühlte Masse auftragen, Taschen zusammenklappen und die Teigenden gut festdrükken. Wenn man die Ränder mit einer Gabel oder zwischen Daumen und Zeigefinger wellenartig andrückt, erzielt man einen hübschen optischen Effekt. Die Teigtaschen werden nun auf ein mit Backpapier ausgelegtes Backblech gesetzt und im auf 180 °C vorgeheizten Backrohr etwa 15 Minuten goldbraun gebakken. Kurz vor Ende der Backzeit bestreicht man die Täschchen noch mit verquirltem Eidotter und streut die Parmesanflocken darüber. Diese Bissen schmecken warm genauso gut wie als kalter Imbiß.

Luzifer-Eier

Zubereitung:

Den Speck würfelig schneiden, in heißem Olivenöl anrösten und die klein geschnittenen Paradeiser einrühren. Mit Salz, frisch gemahlenem Pfeffer sowie Knoblauch würzen, etwas Tomatenmark untermengen und die Sauce etwa 20 bis 30 Minuten einkochen lassen. Währenddessen werden die hartgekochten Eier geschält, der Länge nach halbiert und die Eidotter herausgenommen. Die Eidotter in einer Schüssel mit dem Gorgonzola cremig rühren, abschmecken und die Eierhälften mit der Käsemasse wieder füllen. Wenn die Tomatensauce schön mollig ist, würzt man nochmals mit Oregano nach, gießt sie in eine passende feuerfeste Form, setzt die gefüllten Eierhälften darauf und gratiniert die Eier im auf 220 °C vorgeheizten Backrohr etwa 20 Minuten. Vor dem Servieren werden die Eier mit Basilikumblättern garniert.

Zutaten:

- 2 EL Olivenöl
- 50 g durchzogener Speck
- 500 g geschälte Paradeiser (oder aus der Dose)
- Salz
- Pfeffer aus der Mühle
- Tomatenmark
- 1–2 gepreßte Knoblauchzehen
- 4 hartgekochte Eier
- 200 g Gorgonzola mit hohem Fettgehalt
- Oregano
- Basilikumblätter

Das Beichtgeheimnis

Der Pfarrer von Maria Schnee war als herzensguter Mensch bekannt und hatte nur eine Schwäche: die Mehlspeisen. Eines Tages kam Lisl, die fesche Bäckerstochter des Ortes, zu ihm beichten und gestand ihm, daß der Briefträger Toni so gerne nachts zu ihr fensterln kam. „Na und", fragte der Herr Pfarrer streng, „hast ihn womöglich reingelassen?" Die Lisl errötete und nickte. „Wie oft?" fragte der Herr Pfarrer inquisitorisch. Die Lisl errötete noch mehr und antwortete: „Das trau ich mich nicht zu sagen." Und es war auch tatsächlich nichts mehr aus ihr herauszubringen. In dieser Stille kam dem Herrn Pfarrer plötzlich eine Erleuchtung. „Weißt was, Lisl", sagte er, „für jedesmal, wenn du den Toni reingelassen hast, bringst du mir morgen in der Früh einen Faschingskrapfen aus der Bäckerei. Dann brauchst du's nicht zu sagen, ich weiß es aber trotzdem und kann dir die Absolution erteilen." Die Lisl ließ sich das nicht zweimal sagen und schlüpfte so schnell wie möglich aus dem Beichtstuhl. Am nächsten Morgen sah der Herr Pfarrer die Lisl schon von weitem mit dem Fahrrad kommen, auf dessen Gepäckströger sie einen ganzen Korb voll Faschingskrapfen geschnallt hatte. Als sie diese dann vor der Pfarrhoftür ablud, fing Hochwürden, sei es aus Vorfreude über den unerwartet hereinbrechenden Krapfensegen oder aus amüsiertem Mitleid über die arme Sünderin, lauthals zu lachen an. Die Lisl fand das freilich gar nicht lustig. „Sie haben leicht lachen, Herr Pfarrer", erwiderte sie. „Aber ich muß jetzt noch dreimal fahren."

Herrn Pfarrers Leibspeisen

St. Peter im Mandelmantel

Zubereitung:

Die Fischfilets gegebenenfalls sorgfältig mit einer Pinzette entgräten, mit Salz und frisch gemahlenem Pfeffer gut würzen. Zum Panieren auf je einem flachen Teller das Mehl, die verschlagenen Eier sowie die gehobelten Mandeln vorbereiten. Nun die Filets zunächst in Mehl wenden, durch die Eier ziehen und anschließend vorsichtig in den gehobelten Mandeln wälzen, wobei es ratsam ist, die Mandeln mit Hilfe eines Gabelrückens leicht anzudrücken. Inzwischen wird in einer großen Pfanne (wenn nötig auch in zwei Pfannen) das Butterschmalz gemeinsam mit dem Öl erhitzt. Die panierten Fischfilets behutsam in das nicht allzu heiße Fett – die Mandelsplitter werden sonst rasch zu dunkel – einlegen und bei mäßiger Hitze langsam auf beiden Seiten goldbraun ausbacken. Vorsichtig herausheben, auf einem Küchenkrepp abtropfen lassen und mit den Zitronenspalten anrichten.

Beilagenempfehlung: Erdäpfelgratin, in Butter geschwenkte Kohlsprossen und Karfiolröschen

Zutaten:

4 St.-Petersfisch-Filets (oder ersatzweise andere Filets) zu je ca. 150 g

Salz

weißer Pfeffer aus der Mühle

2 Eier

griffiges Mehl und blättrig gehobelte Mandeln zum Wälzen

1–2 EL Butterschmalz und Pflanzenöl zum Backen

Zitronenspalten

... und er sprach zu den Fischen

Im Gasthaus zum grünen Anker waren wieder einmal Fischwochen angesagt, weshalb in der Vitrine gleich neben dem Eingang auch ein ganzes Dutzend Fischlein, mit Petersilstengeln im Mund und mit Zitronenscheiben drapiert, auf Eis lagen. Ein geistlicher Herr, der des Weges kam, hielt vor dieser Vitrine inne, beobachtete die Fische eine Zeitlang, betrat dann das Lokal und bestellte eine Forelle, einen Saibling und einen Barsch. Nachdem der Kellner die Fische serviert hatte, faltete der Priester die Hände, senkte seinen Kopf und begann seine Lippen leise zu bewegen, doch die Fische rührte er nicht an. Nach einer Weile näherte sich der Oberkellner, dem diese Haltung mit jeder Minute seltsamer vorkam. „Das ist aber ein langes Tischgebet, das Sie da sprechen, Herr Pfarrer“, sagte er vorsichtig. „Das ist kein Tischgebet“, erwiderte der Pater. „Es verhält sich vielmehr so, daß eine arme Sünderin, die vor zwei Wochen bei mir zur Beichte war, drohte, sich in der Donau zu ertränken. Und da ich seither nichts mehr von dem Unglückskind gehört habe, hoffte ich, daß mir die Fische vielleicht etwas über ihren Verbleib erzählen könnten.“ Der Kellner, der nicht recht wußte, ob er da zum Narren gehalten werden sollte oder einem Heiligen begegnet war, fragte völlig verunsichert. „Und was haben die Fische gesagt?“ – Der Priester lächelte mild. „Sie haben geantwortet, daß sie nichts darüber wissen, was vor zwei Wochen in der Donau passiert ist, weil sie schon seit drei Wochen in der Vitrine liegen.“

Matjeserdäpfel nach Pastorenart

Zubereitung:

Zuerst werden die Erdäpfel gekocht, geschält und – nachdem sie leicht ausgekühlt sind – in Scheiben geschnitten. Die Matjesfilets nötigenfalls putzen und in kleine Würfelchen schneiden, die Paprikaschoten waschen, Kerne sowie Stiel entfernen und ebenso kleinwürfelig schneiden, die Eier gut mit den Eidottern, Rahm, Schlagobers, Schnittlauch und Gewürzen versprudeln. Nun wird eine feuerfeste Auflaufform mit Butter ausgestrichen und eine Schicht Erdäpfelscheiben auf den Boden der Form gelegt. Auf diesen Erdäpfelsockel werden danach gleichmäßig die Matjes- und Paprikawürfelchen verstreut, die mit etwas von der vorbereiteten Übergußmasse beträufelt werden. Mit einer weiteren Lage Erdäpfel bedecken und diesen Vorgang so lange wiederholen, bis alle Zutaten verbraucht sind, wobei die Erdäpfel die letzte Lage bilden. Abschließend die restliche Eiermasse darüber gießen, mit einigen Butterflokken belegen und im auf 200 °C vorgeheizten Backrohr 45–50 Minuten goldbraun backen.
Beilagenempfehlung: Rote-Rüben-Salat

Zutaten:

für 4–6 Portionen

- 1 kg Erdäpfel
- 4–5 Matjesfilets
- je 1 Schote roter, grüner und gelber Paprika
- 3 Eier
- 2 Eidotter
- 125 ml Rahm
- 125 ml Schlagobers
- 2 EL gehackter Schnittlauch
- Salz
- Pfeffer aus der Mühle
- Butter für die Form und für die Flöckchen

Die Tugend der Genügsamkeit

Der Kaplan, der den kranken Pfarrer vertritt, prüft die Kinder, was sie über die Tugend der Genügsamkeit wissen. „Genügsamkeit ist, wenn ich eine Limonade angeboten bekomme und stattdessen nur ein Glas Wasser will", sagt der Franzi. „Sehr gut", antwortet der Herr Kaplan. „Genügsamkeit", sagt der Peter, „das ist, wenn mich der Onkel auf ein Backhendl einladen möchte und ich sage, ich geh' viel lieber zum Würstelstand." „Auch gut", sagt der Kaplan lächelnd. Da meldet sich der Toni, ein eifriger Ministrant, und sagt: „Genügsamkeit ist, wenn ich statt Wein Weinbrand trinke." Der Kaplan runzelt die Stirn. „Wie kommst du denn darauf?" „Als letzten Sonntag der Meßwein ausging, habe ich den Herrn Pfarrer in der Sakristei dabei beobachtet, wie er die leere Weinflasche mit Weinbrand wieder aufgefüllt hat. Und als ich ihn fragte wieso, hat er geantwortet: „Sei still, sonst bekommst du in Religion ein Genügend!"

ASCHERMITTWOCHSPUDDING

Zutaten:

für 4–5 Portionen

- 500–700 g Hecht- oder Zanderfilets
- Schuß Essig oder Weißwein
- 2–3 EL Mehl
- 2–3 EL Butter
- ca. 120–150 ml Milch
- 3 Eier
- Salz
- weißer Pfeffer aus der Mühle
- Muskatnuß
- Butter und Semmelbrösel für die Form

Zubereitung:

Die Fischfilets enthäuten und wirklich gut entgräten. In einem Topf genügend viel Salzwasser mit einem Schuß Essig oder Weißwein zum Kochen bringen und die Fischfilets darin 15 bis 20 Minuten garziehen lassen. Die Filets herausheben, abtropfen und auskühlen lassen. Sobald der Fisch erkaltet ist, kann er in kleine, mundgerechte Stückchen geteilt werden. Butter in einer Kasserolle aufschäumen lassen, Mehl einrühren, kurz durchrösten und langsam mit Milch aufgießen. Hat die Béchamelsauce eine ziemlich dickliche Konsistenz erreicht, vom Feuer nehmen und ebenfalls auskühlen lassen. Das Eidotter vom Eiklar trennen, die Dotter in die erkaltete Béchamelsauce einrühren, aus dem Eiklar einen festen Schnee schlagen. Nun die Béchamelsauce, die Fischwürfel sowie den Eischnee behutsam miteinander vermengen und mit Salz, frisch gemahlenem Pfeffer und Muskatnuß würzen. Eine feuerfeste Auflaufform gut mit Butter ausstreichen, mit Semmelbröseln bestreuen und die Masse einfüllen. Eine größere Bratenpfanne etwa zur Hälfte mit Wasser füllen, die Auflaufform hineinsetzen und im auf 200 °C vorgeheizten Backrohr etwa eine halbe Stunde garen.

Beilagenempfehlung: knuspriges Stangenbrot, Eisbergsalat

Papst ißt mit

Aenea Silvio Piccolomini (1406–1464) kannte seine Wiener Landsleute wie kaum ein anderer. Er lernte sie als kleiner Pfarrer kennen, er beschrieb sie als von Friedrich IV. gekrönter Dichterfürst, er analysierte sie als Historiker und er besuchte sie gerne wieder, nachdem er es später als Pius II. zu nicht mehr und nicht weniger als zum Papst in Rom gebracht hatte. „Wo Du zu einem Bürger gehst, meinst Du in eines Fürsten Haus zu treten", schrieb er. „Die Keller sind so tief und weit. (…) Unglaublich ist die Menge der Lebensmittel, die täglich in die Stadt geführt werden. Viele Wagen voll Eier und Krebse, gebackenes Brot, Fleisch, Fische, Vögel ohne Zahl und schon vor der Vesperzeit ist nichts mehr davon zu sehen." Was, wie Piccolomini weiter ausführt, auch nicht weiter verwunderlich ist. Denn: „In Wien ist es keine Unehre, eine Weinschank im Hause zu haben. Fast alle Bürger halten Tavernen, heizen die Stuben, halten gute Küche, laden leichtes Volk zu sich und geben ihm die Speisen umsonst, damit es umso besser trinke. (…) Das Volk hält sehr viel auf Speise und Trank. Was es die ganze Woche über verdient hat, das wird am ersten Feiertag wieder verzehrt."

Stainzer Karpfen-Weihnacht

Zubereitung:

Die Karpfenfilets nach Möglichkeit entgräten, aber nicht enthäuten, sondern die Haut etliche Male einschneiden. Wasser und Schilcher in einem größeren Topf vermengen, sämtliche Gewürze sowie die geviertelte Zwiebel zugeben und alles aufkochen lassen. Nun die Karpfenstücke einlegen und knapp unter dem Siedepunkt etwa 20 Minuten ziehen lassen. Währenddessen wird das Wurzelgemüse gewaschen, geschält und in feine Streifen, die Zwiebel in Ringe geschnitten. In einer Pfanne die Butter aufschäumen lassen, das geschnittene Wurzelwerk samt Zwiebelringen darin anrösten, mit etwas Schilcher oder Fischsud aufgießen und kurz dünsten lassen. Sobald das Gemüse knackig – aber nicht zu weich – ist, vom Feuer nehmen. Karpfenfilets aus dem Sud heben, abtropfen lassen und mit den fertig gedünsteten Gemüsestreifen garnieren. Mit etwas gehackter Petersilie oder Estragon bestreut anrichten.

Beilagenempfehlung: In Butter geschwenkte Erdäpfel, Rahm-Gurkensalat

Zutaten:

4 Karpfenfilets (zu je ca. 150 g)

300 ml Schilcher (oder ein anderer kräftiger Rosé-Wein)

500–700 ml Wasser

1 Zwiebel

Salz

Pfefferkörner

Lorbeerblatt

Thymian

1 Bund Wurzelgemüse und 1 Zwiebel für die Garnitur

2 EL Butter

Schilcher oder Fischsud zum Aufgießen

Estragon oder Petersilie zum Bestreuen

ANTONIUS-FORELLE

Zubereitung:

Die Forellen am besten gleich beim Fischhändler ausnehmen lassen. Zu Hause nochmals unter fließendem Wasser gut waschen und trockentupfen. Innen mit Salz, frisch gemahlenem Pfeffer und etwas von den gemischten Kräutern würzen. Danach werden auf einem flachen Teller die Eier mit dem Rest der Kräuter sowie den Parmesanflocken gut miteinander verschlagen. Nun die Forellen nacheinander zuerst beidseitig in Mehl wenden und dann durch die Eier ziehen, sodaß die Forellen gut von einem „Eier-Kräutermantel" umhüllt sind. Währenddessen bereits das Olivenöl mit etwas Butter erhitzen und die Forellen darin bei mäßiger Hitze, halb zugedeckt, langsam auf beiden Seiten je etwa 6–8 Minuten goldbraun braten. Forellen herausheben, Fett abtupfen oder abtropfen lassen und mit den Kräutern garniert anrichten.

Beilagenempfehlung: Champignonreis, Rucolasalat

Zutaten:

4 küchenfertige Forellen

Salz

weißer Pfeffer aus der Mühle

4 EL gemischte gehackte Kräuter (wie etwa Estragon, Kerbel, Petersilie etc.)

Mehl zum Wenden

3–4 Eier

3 EL geriebener Parmesan

3 EL Butter und Olivenöl zum Braten

einige Kräuterzweiglein zum Garnieren

St. Jakobs Muscheln

Zubereitung:

Die Jakobsmuscheln unter kaltem, fließenden Wasser putzen und mit einem Küchenkrepp gut trockentupfen. In einer Pfanne das Butterschmalz erhitzen, die gehackten Rosinen darin andünsten, mit Süßwein ablöschen und kurz aufkochen lassen. Die Jakobsmuscheln einlegen und ganz kurz – das heißt tatsächlich nur etwa 10 bis 20 Sekunden – auf jeder Seite anziehen lassen, bis sie milchig-weiß sind, sofort vom Feuer nehmen. Nun entweder je eine Jakobsmuschel in eine der 12 Schalen, oder aber je drei Muscheln in eine Schale setzen. Stehen keine Muschelschalen zur Verfügung, so behilft man sich mit kleinen Pudding- oder Auflaufförmchen. Die Muscheln mit dem Wein-Rosinensud beträufeln, mit Salz und weißem Pfeffer würzen, den Parmesan mit den Biskuitbröseln vermengen und über die Muscheln streuen. Butterflöckchen auf die Muscheln setzen und im sehr gut (220 °C) vorgeheizten Backrohr oder unter der Grillschlange nur so lange gratinieren, bis die Butterbrösel goldbraun und knusprig sind. Beilagenempfehlung: In Butter getoastete Briochescheiben, Häuptelsalat mit leicht süßer Wiener Marinade

Zutaten:

- 12 frische (oder tiefgekühlte) Jakobsmuscheln mit rotem Eiersack
- 4 oder 12 Schalen von der Jakobsmuschel bzw. kleine Auflaufförmchen
- 1–2 EL Butterschmalz
- 2 EL gehackte Rosinen
- ca. 125–150 ml Süßwein
- Salz
- weißer Pfeffer aus der Mühle
- 4–5 EL Biskuitbrösel (ersatzweise auch Brösel von entrindetem Weißbrot)
- 2–3 EL geriebener Parmesan
- Butterflöckchen

Mesnerschmaus

Zutaten:

für 4–6 Portionen

- 1 kg Erdäpfel
- 200 g Mehl
- 1 Ei
- 3 EL geriebener Parmesan
- Salz
- weißer Pfeffer
- Prise Muskatnuß
- Butterschmalz oder Pflanzenöl zum Backen

für das Kraut:

- 1 gehobelter Krautkopf
- 3–4 EL Butter
- 1 kleine Zwiebel
- 150 ml Weißwein
- 200 ml Gemüse- oder Rindsuppe zum Aufgießen
- Kümmel
- Prise Zucker
- Schuß Essig
- gehackter Schnittlauch zum Bestreuen

Zubereitung:

Zuerst wird das Kraut zubereitet, indem man die Zwiebel klein hackt, in heißer Butter hell anröstet, das gehobelte Kraut beigibt und kurz mitdünsten läßt. Mit Weißwein und Suppe aufgießen, mit Kümmel, etwas Zucker und einem Schuß Essig aromatisieren und alles etwa eine halbe Stunde zugedeckt dahinköcheln lassen. Währenddessen werden die Erdäpfel gekocht, geschält und durch ein Passiersieb gedrückt. Auf einer geeigneten Arbeitsfläche in die Erdäpfelmasse das Ei, Mehl, Parmesan und die Gewürze einarbeiten und zu einem festen Teig kneten. Aus diesem Teig werden nun krokettenförmige Erdäpfelnudeln von etwa 2 cm Stärke geformt, die danach in heißem Fett goldgelb herausgebacken werden. Die Kroketten gut abtropfen lassen, das inzwischen fertig gegarte Kraut portionsweise in der Mitte eines Tellers anrichten und die knusprigen Kroketten kreisförmig darum herum drapieren. Mit gehacktem Schnittlauch bestreuen und servieren. Ist dieses Gericht nicht als strenge Fastenspeise gedacht, so läßt es sich selbstverständlich durch sehr fein gehackten, nicht zu fetten Speck, kleinwürfeligen Schinken oder Geselchtes, das in den Teig eingearbeitet wird, zusätzlich verfeinern.

Pfarrers Freude (Ochsenschwanz mit Häferlsterz)

Zutaten:

für 4–6 Portionen
1–1,5 kg Ochsenschlepp-Stücke
Salz
Pfeffer
3 EL Butterschmalz oder Pflanzenöl
1 Bund Wurzelgemüse
1 Zwiebel
1–2 EL Mehl zum Stauben
1 EL Tomatenmark
Schuß Rotwein
1–1,5 l Rindsuppe (oder Wasser) zum Aufgießen
Thymian
Lorbeerblatt
Pfefferkörner
1/4 ungespritzte Zitrone
2 EL Preiselbeerkompott
1 KL Dijonsenf
etwas Rotwein

für den Häferlsterz:
500 g Erdäpfel
Salz
150 g griffiges Mehl
5 EL Butterschmalz oder Butter

Zubereitung:

Die Ochsenschlepp-Stücke rundum kräftig mit Salz und Pfeffer würzen. In einer Kasserolle das Fett erhitzen, darin das Fleisch von allen Seiten her braun anbraten und wieder aus der Kasserolle herausheben. Inzwischen das gewaschene Wurzelgemüse grobwürfelig, die Zwiebel in große Stücke schneiden und ebenfalls im verbliebenen Fett goldbraun rösten. Nun mit Mehl stauben, durchrösten, das Tomatenmark einrühren und rasch mit etwas Rotwein aufgießen. Nachdem man den Wein kurz aufkochen hat lassen, wird die Rindsuppe (oder Wasser) zugegossen, das Fleisch wieder in die Kasserolle zurückgegeben und gemeinsam mit sämtlichen Gewürzen und der Zitrone für 2 bis 3 Stunden gedünstet, wobei es problemloser ist, das Fleisch im auf 180 °C vorgeheizten Backrohr zu garen. Das weich gedünstete Fleisch aus der Kasserolle heben, die Sauce eventuell entfetten und bei großer Hitze nicht zugedeckt einkochen lassen. Hat die Sauce die gewünschte Konsistenz erreicht, so wird sie mit Preiselbeeren, Dijonsenf und etwas Rotwein vollendet, passiert und der Ochsenschlepp darin nochmals kurz erwärmt.

Für den Häferlsterz werden die Erdäpfel gekocht, noch heiß geschält und anschließend mit einer Gabel grob zerdrückt. Die Masse salzen, mit dem Mehl vermengen und zwischen den Fingern abbröseln. Das Fett in einer großen Pfanne erhitzen, die Erdäpfel-

masse darin so lange anrösten, bis sich kleine Sterz-Klümpchen bilden. Den Sterz in einer extra Schüssel anrichten und gemeinsam mit dem erwärmten Ochsenschlepp servieren.
Beilagenempfehlung: warmer Speckkrautsalat

MÖNCHSBRATL

Zutaten:

für 4–6 Portionen

- 1–1,5 kg Rindsbraten (Beiried oder Hieferscherzel)
- 150 g Selchspeck zum Spicken
- Salz
- Pfeffer aus der Mühle
- 2 EL Butter oder Öl
- 1 Bund Wurzelwerk
- 1 Zwiebel
- Rindsuppe zum Aufgießen
- 1–2 entrindete Scheiben Schwarzbrot
- Lorbeerblatt
- Pfefferkörner
- Neugewürzkörner
- Thymian
- geriebener Ingwer
- geriebene Muskatnuß
- ca. 150 ml kräftiger Rotwein
- 4 Paradeiser
- 2–3 EL Butter für die Paradeiserscheiben
- 1 EL gehackte Zwiebeln
- gehackte Petersilie zum Bestreuen

Zubereitung:

Den Rindsbraten ordentlich zuputzen, den Selchspeck in Streifen schneiden und den Braten mit Hilfe einer Spicknadel oder eines langen, scharfen Messers längs der Faserrichtung spicken. Mit Salz und frisch gemahlenem Pfeffer von allen Seiten her kräftig einreiben. Das Wurzelwerk und die Zwiebel in grobe Stücke oder Scheiben schneiden, Butter oder Öl erhitzen und darin das Gemüse kurz anrösten. Nun eine passende Bratenpfanne mit dem angebratenen Wurzelwerk auslegen, den Rindsbraten ebenfalls rasch rundum bräunen, auf das Wurzelwerk setzen und im auf etwa 180 °C vorgeheizten Backrohr ca. 2 1/2 Stunden braten, wobei man wiederholt mit eigenem Saft oder zusätzlich noch etwas Suppe aufgießen muß. Sobald der Braten weich ist, wird er herausgehoben, in Alufolie gewickelt und an einem warmen Ort zum Rasten stehen gelassen. Währenddessen das Fett aus der Bratenpfanne abschöpfen, das Schwarzbrot kurz in Wein oder Rindsuppe einweichen und dann gemeinsam mit sämtlichen Gewürzen und einem kräftigen Schuß Rotwein im Bratenrückstand kräftig aufkochen. Je nach gewünschter Konsistenz des Bratensaftes nochmals mit Rindsuppe aufgießen oder den Saft eher mollig einkochen lassen. Die Paradeiser einige Sekunden in siedendem Wasser ziehen lassen, schälen und in Scheiben oder Spalten teilen. In einer Pfanne die Butter erhitzen, die gehackten Zwiebeln darin hell aufschäumen

lassen, die Paradeiserscheiben einlegen, mit Salz und Pfeffer würzen, wenden. Die fertige Sauce passieren, den Braten aufschneiden, mit der Sauce umkränzen und die Bratenstücke dekorativ mit den geschmolzenen Paradeiserscheiben garnieren sowie mit gehackter Petersilie bestreuen.

Beilagenempfehlung: in Basilikumbutter oder Olivenöl geschwenkte Bandnudeln sowie Butterkartoffeln

Pfingstochsenlende

Zutaten:

- 4 Scheiben Rindslende (Rindslungenbraten)
- Salz
- Pfeffer aus der Mühle
- 1 EL Butterschmalz oder Öl zum Braten
- 500–700 g Erdäpfel
- 4 EL Butter
- 300 g frischer (oder 1 Pkt. tiefgekühlter) Blätterteig
- Butter zum Ausstreichen
- Mehl für die Arbeitsfläche
- Eidotter zum Bestreichen

für die Farce:

- 100 g gekochtes Geselchtes
- 100 g Champignons
- 50 g Schalotten (oder Zwiebeln)
- 1–2 EL gehackte Petersilie
- 2–3 EL Butter
- Salz
- Pfeffer

Zubereitung:

Die Rindslenden gut mit Salz und frisch gemahlenem Pfeffer würzen, in heißem Fett rasch auf beiden Seiten kräftig anbraten und gleich wieder aus der Pfanne heben, überkühlen lassen. Nun die Erdäpfel schälen, blättrig schneiden und in heißer Butter beidseitig braten, herausheben, mit Küchenkrepp trockentupfen und salzen.

Für die Farce die geputzten Champignons, das Geselchte sowie die Schalotten fein hakken, Butter in einer Pfanne erhitzen und darin zunächst die Schalotten hell anrösten. Dann Champignons einmengen und so lange rösten, bis keine Flüssigkeit mehr vorhanden ist. Anschließend das gehackte Geselchte untermengen, mit Petersilie, Salz und Pfeffer abschmecken und auskühlen lassen. Danach wird eine feuerfeste Form mit Butter ausgestrichen und der Blätterteig auf einer bemehlten Arbeitsfläche so ausgerollt, daß die Form damit völlig ausgelegt werden kann und noch genügend Teig für den Deckel und eventuelle Zierstreifen übrig bleibt. Die Form also mit Blätterteig auskleiden, den Boden mit der Hälfte der Erdäpfelscheiben belegen, Rindslendenscheiben darauf drapieren und diese mit der vorbereiteten Farce bestreichen. Zuletzt wieder die restlichen Erdäpfelscheiben über die Farce verteilen und mit dem Teigdeckel abschließen, der je nach Lust und Können auch mit Teigstreifen dekorativ verziert werden kann. Teigdeckel und Zierstreifen mit Eidotter bestreichen und im auf 180–200 °C vorgeheizten Backrohr etwa 45 Minuten goldgelb backen.

Beilagenempfehlung: Speckfisolen und Lollo-Rosso-Salat

Dominikaner-Kalbsschlegel

Zutaten:

für 4–5 Portionen

- 1–1,5 kg Kalbsschlegel oder -schulter (Fricandeau)
- 100 g Selchspeck im Ganzen
- Salz
- Pfeffer aus der Mühle
- 300 g Kalbsknochen
- 2–3 EL Butterschmalz oder Butter
- Rindsuppe oder Wasser zum Aufgießen

für die Garnituren:

- 1–2 EL Butter und 1 EL Mehl für die Butterkugel
- 250 ml Rahm
- 250 g Eierschwammerl oder Pilze (ersatzweise auch Champignons)
- insgesamt 4–5 EL Butter zum Andünsten
- 300 g frische Erbsen (oder auch tiefgekühlt)
- 1 EL gehackte Zwiebeln
- 1 Tasse Reis
- 2 Tassen Rindsuppe oder Wasser für den Reis
- 100–150 g gekochtes in Scheiben geschnittenes Geselchtes

Zubereitung:

Der gut zugeputzte, von allen Häutchen und Sehnen befreite Kalbsschlegel wird vor dem Braten mit dem in Streifen geschnittenen Selchspeck gespickt (am besten mit einer Spicknadel oder einem langen, spitzen Messer), gut mit Salz und frisch gemahlenem Pfeffer gewürzt und nötigenfalls mit einem Küchenspagat zusammengebunden. Die Kalbsknochen in eine passende Bratenpfanne legen, das Kalbfleisch mit der „schönen Seite" nach unten einlegen und mit dem erhitzten Butterschmalz übergießen. Etwas Wasser über die Knochen gießen und nun im auf ca. 220 °C vorgeheizten Backrohr kurz anbraten. Nach etwa 10 Minuten Hitze auf 160–180 °C reduzieren, weitere 30 Minuten braten lassen und dabei öfter Wasser oder Rindsuppe nachgießen. Kalbsbraten wenden und abermals unter oftmaligem Begießen etwa 40–50 Minuten fertig braten. Den Kalbsbraten herausheben und warm stellen, die Knochen entfernen, das Fett aus der Kasserolle abschöpfen und den Saft passieren. Aus Butter und Mehl eine Kugel kneten, diese in den verbliebenen Saft einrühren, aufkochen lassen, Rahm einmengen und kräftig durchkochen lassen, wobei man eventuell nochmals mit Wasser oder Suppe aufgießt, um eine optimale Saucenkonsistenz zu erzielen.

Währenddessen werden die gehackten Zwiebeln in etwa 2 EL Butter angedünstet, der Reis eingerührt und sobald dieser glasig geworden ist, mit Wasser oder Suppe aufgegossen. Bei Zugabe von Wasser noch mit Salz würzen und zugedeckt etwa 20 Minuten bei kleiner Hitze gar dünsten lassen. Inzwischen können nun die geputzten Eierschwammerl geschnitten und in

2 EL Butter in einer extra Pfanne leicht angedämpft, die Erbsen knackig gekocht und in etwas heißer Butter geschwenkt werden. Das Geselchte in wenig Butter kurz erwärmen.
Wenn alle Beilagen fertig vorbereitet sind und die Sauce die gewünschte Molligkeit besitzt, so wird der Kalbsbraten in Scheiben geschnitten, auf einer warmen Vorlegeplatte angerichtet und zwischen die Bratenscheiben jeweils eine warme Scheibe Geselchtes gelegt. Auf einer Seite des Bratens drapiert man die Erbsen, auf der anderen den fertig gedünsteten Reis, man rührt die in Butter geschwenkten Eierschwammerl zügig in die fertige Sauce ein und nappiert (überzieht) den Braten vorsichtig damit. Die restliche Schwammerlsauce serviert man in einer eigenen Saucière (Saucenkännchen).

Kapuziner-Kalbsbrust

Zubereitung:

Die Kalbsbrust läßt man am besten gleich beim Fleischhauer „untergreifen", d.h. so einschneiden, daß sie an der Schmalseite bequem gefüllt werden kann. Für die Fülle wird die Kalbsleber fein geschabt oder passiert. Die Semmeln werden in Milch oder Wasser eingeweicht, gut ausgedrückt und ebenfalls passiert, die fein gehackten Zwiebeln in etwas Butter kurz angeröstet. Nun die passierte Leber gemeinsam mit der schaumig gerührten Butter, den passierten Semmeln, gerösteten Zwiebeln, Bröseln, dem Ei, Petersilie und Gewürzen gut abmischen und zu einer Füllmasse verarbeiten. Die Kalbsbrust salzen und mit der Hälfte der vorbereiteten Farce füllen. Die hartgekochten Eier schälen, in die Kalbsbrust geben und mit der restlichen Masse fertig füllen. Die Öffnung gut vernähen, die Kalbsknochen in einer Bratenpfanne regelmäßig verteilen, die Kalbsbrust mit der „schönen" Seite nach unten darauf setzen und mit erhitztem Butterschmalz übergießen. Im auf 200 °C vorgeheizten Backrohr unter ständigem Begießen etwa 45 Minuten braten, wenden und nochmals mindestens eine Stunde fertig braten, dabei ebenfalls oftmals übergießen. Danach die Kalbsbrust herausheben, warm rasten lassen, die Knochen weiter rösten, mit Mehl stauben und mit etwas Rindsuppe oder Wasser aufgießen. Die Sauce nun so lange einkochen lassen, bis sie die gewünschte Konsistenz hat. Abschließend den Saft abseihen. Die Kalbsbrust tranchieren und die Sauce extra servieren.

Zutaten:

für 4–5 Portionen

1 untergriffene Kalbsbrust von ca. 1 kg

Salz

300 g Kalbsknochen

2 EL Butterschmalz oder Butter

Rindsuppe oder Wasser zum Aufgießen

1 EL Mehl zum Stauben für den Saft

für die Fülle:

150 g Kalbsleber

2 EL zimmertemperierte Butter

1/2 fein gehackte Zwiebel

1 EL Butter zum Andünsten

1 Ei

1–2 altbackene Semmeln

Wasser oder Milch zum Einweichen

1–2 EL Semmelbrösel

Salz

Pfeffer

geriebene Muskatnuß

gehackte Petersilie

1 oder 2 hartgekochte Eier

Beilagenempfehlung: Heurige Erdäpfel, in Butter geschwenkte Schwarzwurzeln und Gurkensalat

Osterschinken nach Dechantenart

Zubereitung:

Zuerst die Erdäpfel schälen und in Scheiben schneiden, den Speck und die Zwiebel kleinwürfelig hacken, das rohe Selchfleisch in Scheiben schneiden. In einer kleinen Pfanne nun die Butter erhitzen, den Speck und die Zwiebeln darin goldgelb rösten, den gepreßten Knoblauch einrühren und leicht überkühlen lassen. Währenddessen den Apfel schälen, entkernen, ebenfalls blättrig schneiden und mit dem Sauerkraut, der Zwiebel-Speckmischung, den Erdäpfelscheiben und den Gewürzen gut miteinander vermengen. Danach wird etwa die Hälfte dieses Krautes in eine feuerfeste Form gefüllt, die Selchfleischscheiben darübergeschichtet, worauf wiederum das restliche Erdäpfel-Kraut drapiert wird. Abschließend mit Weißwein und Suppe übergießen und im auf 200 °C vorgeheizten Backrohr 1–1 1/2 Stunden weich dünsten. Auf einer Vorlegeplatte das Fleisch in der Mitte anrichten, mit dem Erdäpfel-Kraut rundherum umkränzen und mit den geschälten, halbierten Eiern dekorieren.

Zutaten:

- 1 ungekochter Rollschinken oder Geselchtes (Teilsames etc.) mit ca. 3/4–1 kg
- 150 g gehackter Selch- oder Frühstücksspeck
- 2 EL Butter oder Öl
- 1 Zwiebel
- 1–2 zerdrückte Knoblauchzehen
- 1 Apfel
- 500 g Sauerkraut
- Pfefferkörner
- Wacholderbeeren
- Kümmel
- 300 g Erdäpfel
- 100 ml Weißwein
- 100 ml Rindsuppe
- 4 hartgekochte Eier

Landpfarrer-Kotelett

Zubereitung:

Die Schweinskoteletts werden zart geklopft, an den Rändern eingeschnitten, mit der leicht angepreßten Knoblauchzehe eingerieben und mit Salz und Pfeffer kräftig gewürzt. Während in einer großen Pfanne das Butterschmalz erhitzt wird, werden die Koteletts beidseitig in Mehl gewälzt, anschließend auf beiden Seiten goldbraun gebraten und wieder aus der Pfanne gehoben. Den Speck, die Karotte sowie die Zwiebel kleinwürfelig, die Eierschwammerl bzw. die Champignons in gröbere Stücke schneiden. Im zurückgebliebenen Fett nun zunächst die Speck- und Zwiebelwürfel anrösten, dann die Karotten und Eierschwammerl einmengen und mit Rindsuppe oder Wasser aufgießen. Mit Kümmel, Salz und Pfeffer nachwürzen und die warm gestellten Koteletts wieder in die Pfanne zurücklegen. Die geschälten Erdäpfel in Scheiben schneiden und ebenfalls in die Pfanne geben und alles gemeinsam 35 bis 45 Minuten weich dünsten. Kurz vor Ende der Garzeit die Erbsen gesondert weich kochen und einmengen. Nochmals kurz mitdünsten lassen. Die weich gedünsteten Koteletts mit gehackten Kräutern bestreuen und anrichten.
Beilagenempfehlung: Feldsalat

Zutaten:

- 4 Schweinskoteletts
- Salz
- Pfeffer aus der Mühle
- 1 Knoblauchzehe
- Mehl zum Wenden
- 2 EL Butterschmalz
- 100 g durchzogener Speck (Frühstücksspeck)
- 1 Zwiebel
- 1 Karotte
- 150 g Eierschwammerl oder Champignons
- ca. 200 ml Rindsuppe oder Wasser zum Aufgießen
- Kümmel
- 400 g Erdäpfel
- 150 g Erbsen
- gehackte Kräuter (Petersilie, Schnittlauch, Kerbel, Estragon etc.)

Österliche Lammpastete

Zutaten:

für 4–6 Portionen

- 750 g Lammschulter
- 1–2 Zwiebeln
- 2–3 EL Butterschmalz oder Butter
- Salz
- Pfeffer aus der Mühle
- Rosmarin
- Thymian
- 1–2 gepreßte Knoblauchzehen
- 2 EL Crème fraîche
- Butter für die Form

für das Püree:

- 1 kg mehlige Erdäpfel
- 250 ml Milch
- 3 EL Butter
- 1 Ei
- Salz
- Prise Muskatnuß

Zubereitung:

Zuerst die Lammschulter (ohne Sehnen und Häutchen) fein faschieren. Die Zwiebeln klein hacken, in heißem Butterschmalz anrösten und das faschierte Lammfleisch einmengen. Nach kurzem Durchrösten mit Salz, frisch gemahlenem Pfeffer, je einer Prise Rosmarin und Thymian sowie den gepreßten Knoblauchzehen würzen. Die Crème fraîche einrühren und nochmals einige Minuten lang gut durchkochen lassen, beiseite stellen. Nun die Erdäpfel schälen, in Salzwasser weich kochen, herausheben und einige Minuten ausdampfen lassen. Die Erdäpfel passieren und in einer Kasserolle unter fortwährendem Rühren erhitzen, die erwärmte Milch einfließen lassen und die Butter in kleinen Stückchen unterrühren. Wenn das Püree schön cremig ist, wird das Ei eingemengt und abschließend mit Salz und etwas Muskatnuß abgeschmeckt. Eine feuerfeste Form wird danach mit Butter gut ausgestrichen, das Backrohr auf 200 °C vorgeheizt. Die faschierte Masse in die vorbereitete Form einfüllen und das Püree mit Hilfe einer Spritztüte oder Spritzbeutels als dekoratives Gitter über die Farce spritzen. (Das Püree kann selbstverständlich auch nur aufgestrichen werden.) Auf das Püree einige Butterflöckchen setzen und eine gute halbe Stunde goldbraun backen.

Beilagenempfehlung: Junge, zarte Gemüse wie Erbsen oder Kohlsprossen und Tomatensalat

Gebackenes Osterkitz

Zubereitung:

Wenn man ein Kitz im Ganzen verarbeitet, so wird das Fleisch je nach Vorlieben völlig oder zumindest teilweise (es gibt auch Feinschmecker, die gerne knabbern) ausgelöst und in Portionen geteilt, wobei auch das Hirn und die Innereien (Leber und Niere) mitverwendet werden können. Das Fleisch mit Salz und eventuell Rosmarin würzen, in Mehl wenden, durch die verquirlten Eier ziehen und abschließend in den Semmelbröseln wälzen. Das Fett in einer geeigneten Pfanne erhitzen und die panierten Kitzstücke darin beidseitig langsam goldbraun ausbacken. Herausheben, gut abtropfen lassen oder mit Küchenkrepp abtupfen und mit Zitronenscheiben und Petersilie garniert anrichten.
Beilagenempfehlung: Petersilerdäpfel und Vogerlsalat

Zutaten:

für 4–6 Portionen

ca. 2 kg Kitz (junge Ziege, ersatzweise auch junges Lamm) mit Knochen oder 1 kg ausgelöstes Kitzfleisch (von Keulen, Schulter und Brust)

Salz

Rosmarin

3 Eier

Mehl und Semmelbrösel zum Panieren

Butterschmalz oder Pflanzenöl zum Herausbacken

Zitronenspalten und krause Petersilie zum Garnieren

Der Pfaff vom Kahlenberg

Recht würzig ging es auf dem Hofe von Herzog Otto dem Fröhlichen (1301–1339) zu, der weniger durch seinen Feldzug gegen die „heidnischen Preußen" in die Geschichte einging als durch seine ungezügelte Lebenslust. Um letztere stets am Köcheln zu halten, engagierte der Herzog, der sich auf Gemälden gerne mit Rosen bekränzt abbilden ließ, sogar zwei legendäre „lustige Tischräte" – nämlich Wiegand von Theben (d.i. Gundacker von Thernberg, auch „der Pfaff vom Kahlenberg" genannt) und Otto Neidhart Fuchs von Burtbreitenbach, die ihn in wichtigen Fragen der Lebenskultur – etwa bei der Ausrichtung eines Veilchenfestes im Wiener Prater – zu beraten hatten.

Die letzte Ölung

In einem norditalienischen Franziskanerkloster war nach der Feier der Osternacht der Wein etwas reichlicher als gottgefällig geflossen, und der Bruder Kellermeister hatte auch schon mehr gebackene Zickleinkeulen abgenagt als ihm und seinem Gallenleiden gut getan hatten. Plötzlich fühlte der Bruder Kellermeister, wie ihm schwindlig wurde, und er konnte auch nichts dagegen unternehmen, daß er mitsamt seinem beachtlichen Körpergewicht von der Tischbank hinunter auf den Boden glitt. Besorgt eilten ihm die anderen Brüder zu Hilfe, und verschwommen sah der klösterliche Mundschenk vor seinen Augen das Antlitz des Abtes, der sich väterlich über ihn beugte und einen Mitbruder nach dem heiligen Öl schicken ließ. „Nein, um Gottes willen kein Öl!", rief der Bruder Cellerar mit erstickter, kraftloser Stimme, und fügte noch hinzu: „Alles, bloß nichts Fettes!"

Predigergansl

Zutaten:

für 4–6 Portionen

1 junge küchenfertige Gans mit etwa 3–4 kg
1 kg Maroni (Edelkastanien)
Kümmel
Salz
Majoran
Prise Zucker
Butter
Rindsuppe zum Aufgießen

Zubereitung:

Zunächst werden die Maroni für die Fülle vorbereitet, indem man sie an der gewölbten Seite mit einem scharfen Messer aufritzt, auf ein Backblech legt und im etwa auf 180 °C vorgeheizten Backrohr eine gute Viertelstunde lang bäckt. Nun lassen sie sich – nachdem sie etwas abgekühlt sind – leicht schälen. Die geschälten Kastanien in genügend Wasser zustellen und aufkochen, woraufhin sich das Wasser braun zu färben beginnt. Schmutziges Wasser abgießen, frisches zugießen und die Kastanien abermals, nun mit Salz und Kümmel gewürzt, so lange kochen, bis sich das braune Häutchen leicht ablösen läßt. Wasser abgießen, Maroni kurz abkühlen lassen und nun auch das Häutchen entfernen. Inzwischen wird die ausgenommene, gewaschene und gut abgetropfte Gans innen und außen kräftig mit Salz, innen zusätzlich auch noch mit Majoran eingerieben. Der Brustraum wird nunmehr mit den geschälten Maroni gefüllt, die Öffnung gut vernäht. Das Backrohr auf 200 °C vorheizen. Eine geeignete Bratenpfanne etwa fingerhoch mit Wasser füllen, die Gans mit der Brustseite nach unten einlegen und unter oftmaligem Begießen im Backrohr braten. Nach einer guten Stunde die Gans wenden, bei Bedarf etwas Flüssigkeit zugießen und nochmals 1 bis 1 1/2 Stunden knusprig braten. Sollte die Gans sehr fett sein, so empfiehlt es sich, sie während des Bratens mehrmals mit einer kleinen Gabel anzustechen, damit das Fett abfließen kann. Die fertig gebratene Gans aus der Pfanne heben, warm rasten lassen, überschüssiges Fett aus der Pfanne abgießen und den Bratensaft vollenden. Dafür wird der Bratenrückstand mit Wasser oder Rindsuppe aufgegossen und bis zur gewünschten Konsistenz reduziert (eingekocht). Währenddessen wird die Gans tranchiert, die Kastanien werden herausgenommen und separat nochmals kurz mit etwas Zucker, Butter und Suppe gedünstet. Die Gänsestücke hübsch anrichten und mit den gedünsteten Maroni garnieren.

Beilagenempfehlung: Serviettenknödel, Rotkraut und Preiselbeerkompott

Truthahn nach Art der Pilgerväter

Zubereitung:

Innereien und Hals beiseite legen, das Innere des Truthahns mit den leicht angepreßten Knoblauchzehen einreiben, mit Salz und Pfeffer kräftig würzen. Für den Geflügelfond werden das Geflügelklein, allerdings ohne Leber, das Suppengemüse, die Zwiebel und die Gewürze in Wasser aufgekocht und nicht zugedeckt bei mäßiger Hitze so lange gekocht, bis sich die Flüssigkeit um die Hälfte reduziert hat. Währenddessen wird der Truthahn mit der vorbereiteten Fülle (siehe unten) gefüllt, gut vernäht und in eine Bratenpfanne mit Bratenrost (bzw. auf ein Bratengitter mit Auffangtasse) gelegt. Die Speckscheiben schindelartig auf die Truthahnbrust legen. Nun wird ein Küchentuch mit dem Wein befeuchtet und über die Truthahnbrust ausgebreitet, der restliche Wein darüber gegossen und der Truthahn im nicht allzu kräftig vorgeheizten (170 °C) Backrohr zunächst einmal eine halbe Stunde gebraten. Dann mit dem inzwischen fertigen, abgeseihten Geflügelfond begießen und etwa für weitere 5 Stunden braten, wobei regelmäßig mit dem Fond aufgegossen werden muß. In den letzten 30 Minuten nochmals über das Küchentuch aufgießen, das feuchte Tuch abziehen, Temperatur auf 190–200 °C erhöhen und den Truthahn knusprig fertig braten. Während man den Truthahn vor dem Tranchieren außerhalb des Backrohrs noch etwas rasten läßt, gießt man den Bratensaft ab und entfettet ihn bei Bedarf. In einer kleinen Kasserolle die Butter aufschäumen lassen, das Mehl einrühren, kurz durchrösten und mit Bratensaft und Schlagobers aufgießen. Die Sauce nunmehr nochmals kräftig durchkochen lassen und abschmecken. Den Truthahn tranchieren, auf einer Platte anrichten und die Sauce sowie die in Scheiben geschnittene Fülle extra servieren.

Für die Fülle nimmt man das Brät (Fülle) aus der Wursthülle und läßt es unter ständigem Rühren in einer Pfanne braun werden. Das Brät herausheben, beiseite stellen, überschüssiges Fett aus der Pfanne abgießen und in 3 EL frisch aufgeschäumter Butter die gehackte Zwiebel, den würfelig geschnittenen Sellerie sowie die in ebenfalls kleine Würfel geschnittene Paprikaschote knackig dünsten. Die gehackte Petersilie einrühren und vom Feuer nehmen. Nun den erkalteten Serviettenknödel in einer Schüssel zerbröseln und mit dem Wurstbrät abmischen, gemeinsam mit dem gedünsteten Gemüse und den Gewürzen gut durcharbeiten. Abschließend die restliche flüssige Butter einrühren und gegebenenfalls noch etwas Schlagobers zugießen, damit die Fülle schön geschmeidig wird.

Truthahn nach Art der Pilgerväter

Zutaten:

für 5–8 Portionen

1 küchenfertiger Truthahn
1–2 Knoblauchzehen
Salz
Pfeffer aus der Mühle
100 g durchzogene Speckscheiben (Frühstücksspeck)
ca. 120–150 ml Weißwein
2 EL Butter
2 EL Mehl
3–4 EL Schlagobers

für den Geflügelfond:

1 l Wasser
1 Bund Suppengemüse
1 Zwiebel
Pfefferkörner
Salz

für die Fülle:

das Brät (Fülle) von ca. 200–250 g Bratwürsten
6–8 EL Butter
1 Zwiebel
1–2 Stangen Staudensellerie
1 Paprikaschote
2 EL gehackte Petersilie
1 Serviettenknödel von ca. 200 g oder 3–4 Semmelknödel
gehackter frischer Salbei (oder ersatzweise auch getrocknet)
Salz
Pfeffer aus der Mühle
eventuell etwas flüssiges Schlagobers

„Ihr Rebhuhn, Hochwürden!“

König Heinrich IV. von Frankreich war dafür bekannt, daß er es mit der ehelichen Treue nicht ganz genau nahm und dafür mit noch größerem Vergnügen, als seinem Stande ziemte, nach Hofdamen Ausschau hielt. Der König wußte um dieses moralische Defizit und gestand dies auch in schöner Regelmäßigkeit seinem Beichtvater. Dieser ermahnte ihn immer wieder zur Besserung, bis er sich eines Tages weigerte, dem König die Absolution zu erteilen, wenn dieser nicht gelobte, fürderhin ein königliches Vorbild abzugeben und seiner Frau die eheliche Treue zu halten. Heinrich gelobte, wies seinen Beichtvater aber an, ab diesem Zeitpunkt täglich mit ihm zu speisen. Während der König jedoch seinen kulinarischen Wünschen freien Lauf ließ und eine höchst abwechslungsreiche Kost genoß, ließ er seinem Beichtvater Tag für Tag dessen erklärte Lieblingsspeise, nämlich Rebhuhn, servieren. Bereits nach einer Woche wurde es dem braven Gottesmann zu bunt. „Ich liebe Rebhuhn“, rief er aus. „Aber täglich? – Nein!“ – „Sehen Sie Pater“, erwiderte der König, „genauso ergeht es mir mit meiner Frau.“

Süße Versuchungen von der Pfarrerskööchin

Nonnenfürzchen

Zubereitung:

Das Wasser wird gemeinsam mit der Butter, Zucker, Zitronensaft und einer Prise Salz aufgekocht. In das kochende Wasser das Mehl einmengen und alles unter ständigem Rühren so lange weiterkochen, bis sich der Teig vom Topf löst. Inzwischen hat man die Eier miteinander verquirlt und läßt sie nun, nachdem man den Topf vom Feuer genommen hat, langsam in den Teig gleiten und rührt nochmals kräftig um. Butterschmalz in einer großen Pfanne erhitzen, aus dem Teig nußgroße Krapfen stechen und im heißen Schmalz schwimmend auf beiden Seiten goldgelb herausbacken. Die fertigen Krapfen herausheben, gut abtropfen lassen und abschließend mit Staubzucker bestreuen.

Zutaten:

250 ml Wasser
50 g Butter
Salz
1–2 EL Zucker
Zitronensaft
140 g Mehl
3 Eier
Butterschmalz zum Backen
Staubzucker zum Bestreuen

Scheiterhaufen für Fromme

Zutaten:

für 4–6 Portionen
- 5 altbackene Semmeln
- 150–200 ml Milch
- 2 Eier
- 1 Eidotter
- Zimt
- geriebene Schale einer ungespritzten Zitrone
- 1 Pkt. Vanillezucker
- 1 EL Kristallzucker
- Butter zum Ausstreichen und Beträufeln

für die Apfelfülle:
- 300–400 g Äpfel
- 2 EL Rosinen
- 2 EL Kristallzucker
- Schuß Rum
- Zimt
- 2 EL grob gehackte Mandeln

für die Schneehaube:
- 3 Eiklar
- 100 g Kristallzucker

Zubereitung:

Die Semmeln werden in dünne Scheiben geschnitten und mit der mit Eiern, Eidotter, Kristall- und Vanillezucker sowie den Aromastoffen versprudelten Milch übergossen. Während sich die Semmelscheiben mit der Flüssigkeit ansaugen, werden die Äpfel geschält, entkernt und in feine Scheiben geschnitten. Die Apfelscheiben mit Rosinen, Zucker, Zimt, Rum sowie den Mandelsplittern vermengen und kurz anziehen lassen. Nun in einer gut ausgebutterten, feuerfesten Form abwechselnd die Semmelmasse und die Apfelfülle einschichten, mit einer Lage Semmelmasse abschließen, die noch mit etwas zerlassener Butter beträufelt wird. Das Backrohr auf 200 °C vorheizen und den Auflauf darin etwa 40–50 Minuten backen. Inzwischen das Eiklar schlagen, mit dem Kristallzucker zu wirklich steifem Schnee ausschlagen und den Scheiterhaufen damit bedecken. Hitze im Backrohr kräftig auf ca. 220 °C anheben und nochmals etwa 10 Minuten lang überbacken, wobei die Schneehaube nicht zu dunkel geraten darf.

Klösterliche Tischzucht

Aus Stift Göttweig in der Wachau ist ein aus dem Jahre 1492 stammender Frühdruck erhalten, der sich mit den – damals noch reichlich groben – Tischsitten auseinandersetzt und dabei auch nicht zögert, ins Detail zu gehen. Für geistliche Herren mit Verdauungsproblemen ist beispielsweise der folgende gute Rat gedacht: „Wird dein Bauch zu Zeiten munter, / Und dein Hintern, bezwing's besunder, / Daß er nicht krähe vor der Zeit; / Mach dich von den Leuten weit!"

Listig, verfressen oder besoffen?

Mit dem Ruf der nach außen hin so frommen Ordensleute stand es gerade im ausgehenden Mittelalter nicht zum besten. „Das Fegefeuer“, sagte schon der Humanist Erasmus von Rotterdam, „wärmt die Pfaffenküche“, und Martin Luthers Reformationswerk wäre ohne die immer wieder bekannt gewordenen Exzesse hinter den Klostermauern wohl kaum auf dermaßen fruchtbaren Boden gefallen. Während die reichen und gebildeten Jesuiten als besonders listig galten und die Zisterzienser des hl. Bernhard von Clairvaux, vielleicht auch ob ihrer französischen Herkunft, im Ruf standen, große „Fresser vor dem Herrn“ zu sein, ging den Bettelmönchen, allen voran den Kapuzinern, der Ruf voraus, es mit dem Zölibat nicht allzu genau zu nehmen und gerne einen über den Durst zu trinken. Die Wiener Mehlspeisküche reagierte auf diesen zwielichtigen Ruf recht prompt – und erfand den ebenso alkohol- wie schlagobersträchtigen „Besoffenen Kapuziner“.

B'soffener Kapuziner

Zutaten:

für 4–6 Portionen

- 4 Eier
- 80 g Butter
- 1 Pkt. Vanillezucker
- geriebene Schale einer ungespritzten Zitrone
- Prise Salz
- 60 g Kristallzucker
- 80 g geriebene Haselnüsse
- 3 EL Semmelbrösel
- 2 EL geriebene Schokolade
- Butter zum Ausstreichen

für den Überguß:

- 300 ml kräftiger Rotwein
- Schuß Wasser
- 3–4 EL Kristallzucker
- Zimtrinde
- Gewürznelken
- getrocknete Orangenschalen
- Schlagobers und Mandelsplitter zum Garnieren

Zubereitung:

Die Eier in Eiklar und Eidotter trennen, die Butter schaumig rühren, langsam mit den Eidottern vermengen und eine Prise Salz, geriebene Zitronenschale sowie den Vanillezucker unterrühren. Dann aus dem Eiklar Schnee schlagen, mit Kristallzucker fest ausschlagen. Die Nüsse mit den Semmelbröseln und der geriebenen Schokolade vermengen und abwechselnd mit dem Schnee behutsam in die Dottermasse einarbeiten. Vier bis sechs nicht zu kleine Auflaufförmchen gut mit Butter ausstreichen, die Masse einfüllen und die Förmchen in einem Wasserbad im auf 180 °C vorgeheizten Backrohr etwa eine halbe Stunde backen.

Für den Überguß läßt man sämtliche Zutaten etwa 10 Minuten knapp unter dem Siedepunkt ziehen. Die Aromastoffe abseihen, die Förmchen behutsam stürzen und auf je einem Teller anrichten. Die „Kapuziner" mit dem aromatisierten Wein beträufeln und jeweils mit geschlagenem Obers und Mandelsplittern verzieren.

Pfaffenhütchen

Zutaten:

200 g Mehl
90 g zimmertemperierte Butter
90 g Staubzucker
1 Ei
Saft und Schale von 1/4 ungespritzten Zitrone
1 Tasse geriebene Mandeln
Messerspitze Backpulver
für die Fülle:
100 g geriebene Haselnüsse
80 g Kristallzucker
1 Eidotter zum Bestreichen

Zubereitung:

Auf einer geeigneten Arbeitsfläche aus Mehl, Butter, Staubzucker, Ei, Zitronensaft und geriebener Zitronenschale sowie Mandeln und einer Prise Backpulver rasch einen geschmeidigen Teig kneten und diesen etwas kühl rasten lassen. Währenddessen für die Fülle die geriebenen Haselnüsse mit Zucker und etwas Wasser zu einem Brei vermengen. Nun den Teig ziemlich dünn ausrollen, kreisrunde Scheiben ausstechen und diese mit der vorbereiteten Haselnußmasse bestreichen. Anschließend jede bestrichene Teigscheibe mit den Fingern zu einem Dreispitz – dem Pfaffenhütchen – formen. Mit Eidotter bestreichen und im auf ca. 200 °C vorgeheizten Backrohr etwa 15–20 Minuten nicht zu dunkel backen.

Wenn der Mönch aus der Gugel hupft

Über die Herkunft des Wortes Gugelhupf gehen die Meinungen weit auseinander. Eine der schlüssigsten Theorien geht jedoch darauf zurück, daß junge Mönche bei ihrem Eintritt ins Kloster ein gugelhupfähnliches Festgebäck namens „cuculla offa" überreicht bekamen und die Kapuze der Kapuzinertracht ebenfalls mitunter als Gugel bezeichnet wurde. In der Wiener Gaunersprache hieß ein Franziskanermönch daher auch seit jeher Gugelfranz.

Engelszungen

Zubereitung:

Aus sämtlichen Zutaten rasch einen Teig kneten, in Alufolie wickeln und eine gute Stunde kühl rasten lassen. Aus dem Teig eine fingerdicke Rolle und daraus wiederum kleine Kipferl formen, die dann auf ein nicht eingefettetes (oder mit Backpapier ausgelegtes) Backblech gelegt und im auf 200 °C vorgeheizten Backrohr etwa 10 Minuten ganz hell gebakken werden. Währenddessen in einem großen Teller viel Staub- und Vanillezucker miteinander vermischen und darin die noch heißen Kipferl mit Hilfe von zwei Löffeln vorsichtig wälzen. Dabei sollten die noch weichen Kipferl keinesfalls mit den Fingern berührt werden.

Zutaten:

280 g Mehl
140 g Butter
70 g Staubzucker
2 Eidotter
100 g geriebene Mandeln
Prise Salz
Vanille- und Staubzucker zum Wälzen

Rorate-Gugelhupf

Zutaten:

- 250 g zimmerwarme Butter
- 100 g Staubzucker
- 50 g Stärkemehl
- 4 Eidotter
- 250 g Mehl
- ca. 125 ml Milch
- 4 Eiklar
- 100 g Kristallzucker
- Vanillezucker
- Saft und Schale von 1/2 Zitrone
- Prise Kardamom
- Ingwerpulver
- Muskatnuß
- Butter und Semmelbrösel für die Form
- Schokoladeglasur zum Überziehen

Zubereitung:

Die Butter mit Staubzucker, Stärkemehl und Eidotter sehr schaumig rühren, abwechselnd gesiebtes Mehl untermengen und Milch zugießen. Nun den Teig mit sämtlichen Aromaten würzen. Eiklar schlagen, mit dem Kristallzucker zu steifem Schnee ausschlagen und ebenfalls unter die Dottermasse heben. Eine Gugelhupfform wird mit Butter gut ausgestrichen, mit Semmelbröseln bestreut und mit der Teigmasse gefüllt. Das Backrohr auf 180 °C vorheizen und den Gugelhupf etwa eine Stunde lang backen. Kurz überkühlen lassen, stürzen und mit der inzwischen vorbereiteten Schokoladeglasur überziehen.

Wenn Schottenmönchen der Magen knurrt

Schon relativ früh verstand es die niedere Geistlichkeit, sich ihr mehr oder minder kärgliches Auskommen – schließlich hatte man ja ein Armutsgelübde geleistet – von weltlichen Fürsten finanzieren zu lassen, denen sie dafür zumindest ein Stückchen ewiger Seligkeit in Aussicht stellten. So erging es auch dem Babenberger-Markgrafen Heinrich Jasomirgott (1107–1177), der sich gegenüber den Mönchen des Schottenklosters verpflichtet hatte, dieselben aus der Hofküche zu speisen. Dieses Gelübde brachte es allerdings mit sich, daß die Speisen auf offener Straße von der Hofburg ins Kloster getragen werden mußten, wobei sich regelmäßig zahlreiche Schaulustige einfanden, die auch nicht davor zurückschreckten, die höfischen Speisenträger zu belästigen und dabei die Deckel zu lüpfen, um wenigstens eine Duftschwade oder auch einen kleinen Bissen zu erhaschen. Jasomirgott störte daran weniger die Inkommodierung seiner Dienstboten als der Umstand, daß bald jedermann in Wien wußte, was der Landesfürst gerade gespeist hatte. Der reagierte darauf auch prompt mit der Verordnung, daß er, „damit man nit wissen soll, was in seiner Kuchl auf seiner fürstlichen Gnaden Leib gekocht wurd, den new hergebrachten Bruedern etlich Einkhumen geben (möge) für die Speiß, damit sie sich (des Essenholens) enthalten."

Die Schottenmönche, mittlerweile an die gediegene Kost aus der Hofküche gewöhnt, wußten die so gewonnenen finanziellen Mittel wohl anzulegen: Sie gründeten damit die späterhin berühmt gewordene Kochschule des Wiener Schottenklosters.

St. Gallener Klostertorte

Zubereitung:

Die Butter wird mit dem Mehl abgebröselt und mit sämtlichen Zutaten rasch zu einem geschmeidigen Teig verarbeitet, den man dann 1/2 Stunde rasten läßt. Den Teig nun so groß ausrollen, daß einerseits eine Springform mitsamt ihrem Rand damit ausgelegt werden kann und andererseits noch genügend Teig für einen Deckel übrig bleibt. Den Boden sowie den Rand der Springform mit Teig auslegen, mit Kompottfrüchten oder einer dicken Schicht Marmelade bestreichen. Die zweite Tortenhälfte darauf legen, diese mit geschmolzener Butter begießen und mit Mandelsplittern, Zimt und Hagelzucker bestreuen. Das Backrohr auf ca. 170 °C vorheizen und die Torte darin 40–50 Minuten goldgelb backen.

Zutaten:

130 g Butter
300 g Mehl
150 g Zucker
130 g geriebene Mandeln
1/2 Pkt. Backpulver
1 Ei
Zimt
etwas Wasser

für den Belag:
Marmelade oder Kompottfrüchte zum Bestreichen
2 EL geschmolzene Butter
Mandelsplitter
Hagelzucker
Zimt

Zisterziensertorte

Zutaten:

- 300 g Mehl
- 180 g Butter
- 3 Eidotter
- 180 g Staubzucker
- Schale von 1/2 ungespritzten Zitrone
- 1–2 EL Rum
- 1 EL Backpulver

für die Fülle:

- Ribiselmarmelade zum Bestreichen
- 2–3 mürbe Äpfel
- 100 g stiftelig geschnittene Mandeln
- 50 g Kristallzucker
- Butterflocken zum Belegen
- Staubzucker zum Bestreuen

Zubereitung:

Aus Mehl, Butter, Eidottern, Staubzucker, Zitronenschale, Rum und Backpulver auf einer Arbeitsfläche rasch einen geschmeidigen Mürbteig kneten und diesen etwas kühl rasten lassen. Währenddessen die Äpfel entweder mit der Schale grob raspeln oder, nachdem sie geschält und entkernt wurden, in Scheiben schneiden. Den Mürbteig nun auf die Größe einer Springform ausrollen, die Tortenform damit auslegen und den Teig mit Ribiselmarmelade bestreichen. Anschließend die Apfelscheiben bzw. -raspeln auf den Teig geben, mit Kristallzucker und Mandelsplittern bestreuen und mit einigen Butterflocken belegen. Das Backrohr auf 180 °C vorheizen, die Apfeltorte darin eine gute halbe Stunde backen und dann auskühlen lassen. Ist die Torte gänzlich erkaltet, so wird sie üppig mit Staubzucker bestreut.

Die Brezel und der liebe Gott

Wer Brezel sagt, der denkt an Jahrmarktgaudi, Bierhallendunst oder Beiselatmosphäre. Wem würde es schon einfallen, das beliebte Knusperstückerl ausgerechnet mit Weihrauch, Kirchenbänken und Litaneien in Zusammenhang zu bringen?

Tatsächlich führen jedoch alle Fährten, auf denen man sich diesem „Corpus delicati" nähert, geradewegs ins Theologische oder zumindest ins Metaphysische. Am einfachsten machen es sich dabei die Angelsachsen, die die beschämende Tatsache, daß sie für ihre „bretzel" kein eigenes Wort haben, zu beschönigen versuchen, indem sie dieselbe auf das Wörtchen „prayer" (Gebet) zurückführen, das wiederum vom lateinischen „prex, preces, pretium" (Belohnung) abstammt. Diese sprachwissenschaftlich keineswegs haltbare Etymologie findet sich vor allem in einschlägigen amerikanischen Food-Enzyklopädien und hängt wohl ausschließlich mit einer frommen Legende zusammen, die allerdings in Norditalien zu Hause ist.

In ihrem Mittelpunkt steht ein ungenannter Mönch mit beachtlichen pädagogischen Fähigkeiten. Er soll es nämlich gewesen sein, der bereits im Jahre 610 erstmals einen Brotteig zu einer langen Wurst drehte und daraus jene bis heute charakteristische Doppelschlinge formte, die knapp anderthalb Jahrtausende später auch Woody Allen dazu inspirierte, Gott ausgerechnet in den Brezeln zu suchen. Genau dazu wollte der findige Gottesmann auch seine Schützlinge animieren – und belohnte jene Kinder, die brav ihre Gebete auswendig lernten, mit dem begehrten Backwerk.

Fastenbrezel

Zubereitung:

Aus der Hefe, etwas Milch und 2 EL Mehl einen Vorteig (Dampfl) zubereiten und an einem warmen Ort aufgehen lassen. Ist das Dampfl aufgegangen, mit der restlichen Milch und dem übrigen Mehl sowie zerlassenem Butterschmalz, Dotter, Zucker, Salz und Anis zu einem glatten Teig durcharbeiten und abermals eine halbe Stunde rasten lassen. Aus diesem Teig eine Rolle von etwa 1,5 cm Durchmesser formen, die man in jeweils etwa 2 cm lange Stücke schneidet. Jedes dieser Stücke wird nunmehr zu einem dünnen Röllchen abgedreht, aus dem man dann jeweils ein Brezelchen formt, das man mit Dotter bestreicht, mit ein paar übrigen Anissamen bestreut und auf einem mit Backpapier ausgelegten Backblech bei 180° C goldbraun ausbäckt.

Zutaten:

- 300 g glattes Mehl
- 20 g Hefe
- 300–400 ml Milch
- 40 g Butterschmalz
- 1 Eidotter
- 70 g Kristallzucker
- Salz
- Anis
- 1 Eidotter zum Bepinseln

Bischofsbrot

Zubereitung:

Die Schokolade und Mandeln (Walnüsse) grob hacken, Rosinen und Zitrusfrüchte kleinwürfelig schneiden und mit dem gesiebten Mehl gut vermengen. Eiklar von den Eidottern trennen, Eidotter mit Staub- und Vanillezucker schaumig rühren und danach mit einem Schuß Rum sowie etwas geriebener Zitronenschale aromatisieren. Aus dem Eiklar Schnee schlagen, mit dem Kristallzucker fest ausschlagen und nun abwechselnd mit dem Mehlgemisch behutsam unter die Dottermasse heben. Abschließend die geschmolzene Butter langsam einfließen lassen. Eine Kastenform mit Butter ausstreichen und Mehl bestreuen (oder mit Backpapier auslegen), das Backrohr auf 180 °C vorheizen und darin das Bischofsbrot etwa 3/4 Stunden backen. Nach kurzem Überkühlen wird das Brot aus der Form gestürzt und fest mit Staubzucker bestreut.

Zutaten:

- 150 g Mehl
- 100 g Schokolade
- 60 g Mandeln oder Walnüsse
- 60 g Rosinen
- 120 g Aranzini und Zitronat
- 6 Eier
- 3 EL Staubzucker
- 1 Pkt. Vanillezucker
- geriebene Zitronenschale
- Schuß Rum
- 3 EL Kristallzucker
- 4 EL flüssige Butter
- Butter und Mehl für die Form
- Staubzucker zum Bestreuen

St. Pomatus-Mus

Zubereitung:

Die gewaschenen Äpfel werden zunächst geschält, entkernt, in Spalten geschnitten und in Zitronensaft mariniert. Inzwischen Wasser mit Weißwein, Zucker, Rosinen und Gewürzen aufkochen und kurz ziehen lassen. Nun die Äpfel einmengen, weich kochen und danach durch ein feines Sieb passieren. Mit einem Schuß Apfelbrand und etwas Vanillezucker abschmecken.

Zutaten:

- 750 g mürbe Äpfel
- Zitronensaft
- 125 ml Wasser
- 125 ml voller Weißwein
- Gewürznelken
- Zimtrinde
- 130 g Kristallzucker
- 1 EL Rosinen
- Apfelbrand und Vanillezucker zum Vollenden

Seelenwärmer aus dem Kloster zu Irsee

Zutaten:

für 5–8 Portionen

1 l frischer, heißer, starker Kaffee

2 Sternanis

8–10 ganze Nelken

200 g Rohzucker

1 großes Glas (ca. 150–200 ml) Rum (ersatzweise auch Cognac)

Zitronensaft

Schlagobers zum Garnieren

Zubereitung:

Man läßt die Nelken und den Sternanis eine gute halbe Stunde im Kaffee ziehen, seiht dann den Kaffee ab und erhitzt ihn mit etwa 150 g Zucker wieder langsam bis knapp unter den Siedepunkt, läßt ihn aber nicht kochen. Abschließend wird der ebenfalls leicht angewärmte Rum zugegossen. Nun gießt man auf einen kleinen Teller den Zitronensaft, auf einen zweiten streut man den restlichen Rohzucker und taucht den Rand von Punsch- oder Teegläsern zuerst in den Zitronensaft und anschließend in den Rohzucker, wodurch ein dekorativer Rand am Glas entsteht. Den Kaffeepunsch jetzt behutsam eingießen, wobei darauf zu achten ist, daß der Zuckerrand nicht wieder weggeschwemmt wird. Das geschlagene Obers in eine Spritztülle füllen und den Punsch damit rosettenartig dekorieren.

REMY MAR

Pfarrers Medizin

Zubereitung:

Die grünen Nüsse werden zunächst in grobe Stücke zerteilt. In einer großen Flasche oder in einem Glas werden dann sämtliche Aromastoffe mit dem Branntwein übergossen und mit den Nüssen vermengt. Nun die Flasche oder das Glas sehr gut verkorken bzw. verschließen und etwa 4 bis 8 Wochen an einem warmen Platz, beispielsweise in einem Fenster mit Sonneneinstrahlung, stehen lassen. Dann seiht man den Alkohol ab, kocht den Kristallzucker mit Wasser auf und vermischt beide Flüssigkeiten. Den Nußlikör in kleinere, gut verschließbare Fläschchen abfüllen.

Zutaten:

600–700 g grüne Nüsse (bis spätestens Ende Juni geerntete junge Nüsse)

1 l hochprozentiger Branntwein oder Schnaps

Gewürznelken

Zimtrinde

geriebene Muskatnuß

geriebene Schale einer Orange

600–800 g Kristallzucker

750 ml Wasser

Abschmalzen. Mit heißem Fett, meist Schmalz, übergießen

Backhendl. Paniertes, in heißem Fett (oft Butterschmalz) herausgebackenes Huhn

Beiried. Ausgelöstes, im Ganzen belassenes oder in Scheiben geschnittenes Rindsrippenstück

Beuschel. Innereienragout aus Lunge und Herz vom Kalb

Biskotte. Löffelbiskuit

Blunzen. Blutwurst

Brathendl. Im Backrohr knusprig gebratenes Huhn

Bries. Kalbsmilch

Buchtel. Kleines, mitunter süß gefülltes Hefegebäck

Bügerl (auch Büagerl). Keule vom Huhn

Busserl. Kleine, süße Plätzchen

Dalken. Kleine Pfannkuchen aus Hefeteig

Dampfl. Hefeansatz, Vorteig

Eidotter. Eigelb

Eierschwammerl. Pfifferlinge

Eierspeis. Rührei

Eiklar. Eiweiß

Einbrenn. Braune Mehlschwitze

Einmach. Helle Mehlschwitze

Erdäpfel. Kartoffeln

Faschiertes. Hackfleisch

Fisolen. Grüne Bohnen

Fleckerl. Kleine Quadrate aus Nudelteig

Frankfurter. Wiener Würstchen

Frittaten. Suppeneinlage aus in Streifen geschnittenen Pfannkuchen

Gelbe Rübe. Möhre

Germ. Hefe

Germteig. Hefeteig

Geselchtes. Räucherfleisch

Golatsche. Süß gefülltes Plunderteigtäschchen

Grammeln. Grieben

Gugelhupf. Napfkuchen

Häuptelsalat. Kopfsalat

Heidelbeeren. Blaubeeren

Heidenmehl. Buchweizenmehl

Hendljunges. Klein vom Huhn (gilt auch für Enten, Gänse oder Truthahn)

Heurige. Frühkartoffeln

Holler. Holunder

Kaiserfleisch. Fettes, geräuchertes Rippen- oder Bauchfleisch

Kalbsvögerl. Ausgelöstes Fleisch von der Hesse

Karfiol. Blumenkohl

Karotte. Mohrrübe

Karree. Rippenstück

Kernöl. Speiseöl aus gerösteten Kürbiskernen

Kipferl. Hörnchen

Kitz. Junge Ziege

Kletzen. Dörrbirnen

Knacker (Knackwurst). Zervelatwurst

Knödel. Kloß

Koch (das). Warme auflaufähnliche Süßspeise

Kohl. Wirsing

Kohlsprossen. Rosenkohlröschen

Kotelett. Rippchen

Krapfen. Rundes, flaumiges Hefegebäck, das in Schmalz herausgebacken wurde

Kraut. Weißkohl

Kren. Meerrettich

Kruspelspitz. Fleisch von der Rindsschulter

Kutteln. Kaldaunen

Lungenbraten. Lenden-, Filetstück (etwa vom Rind oder Schwein)

Marille. Aprikose

Marmelade. Konfitüre

Maroni. Edelkastanien

Mehlspeise. Sammelbegriff für Desserts und Süßspeisen

Melanzani. Auberginen

Most. Noch nicht ganz durchgegorener Obst- oder Traubensaft

Nockerl. Spätzle, kleine Teigklößchen oder Sammelbegriff für kleine, oval geformte Speisen (etwa Hechtnockerl)

Obers. Schlagsahne

Oberskren. Meerrettich mit Sahne

Ochsenschlepp. Ochsenschwanz

Omelett. Eierkuchen

Palatschinken. Pfannkuchen

Paradeiser. Tomate

Porree. Lauch

Powidl. Pflaumenmus

Rahm. Saure Sahne

Reindl (Rein). Kasserolle

Ribisel. Johannisbeere

Rostbraten. Hohes Roastbeef, Hohe Rippe

Rote Rübe. Rote Bete

Rotkraut. Rotkohl

Sauerkraut. Sauerkohl

Schlagobers. Schlagsahne

Schmalz. Ausgelassenes Fett (vom Schwein oder Butter)

Schöberl. Suppeneinlage aus kleinen Biskuitkügelchen

Schopfbraten. Schweinekamm

Schwammerl. Sammelbegriff für Pilze

Schweinsjungfer. Filetstück vom Schwein

Selchspeck. Räucherspeck

Semmel. Brötchen

Semmelbrösel (Brösel). Paniermehl

Spanferkel. Milchschwein

Staubzucker. Puderzucker

Stelze. Haxe vom Kalb oder Schwein

Sterz. Fester Brei aus Buchweizenmehl, Maisgrieß oder Kartoffeln

Tafelspitz. Ende vom Rinderschwanzstück

Topfen. Quark

Versprudeln. Verquirlen

Weichsel. Sauerkirsche

Weißkraut. Weißkohl

Würstel. Meist Frankfurter (Wiener) Würstchen

Zwetschken. Pflaumen

Zwetschkenröster. Gedünstete Pflaumen

rechberger

In der Reihe „Kulinarium“ sind erschienen:

• Aus Kaisers Küche
• Aus Pfarrers Küche
• Hausmannskost
• Imperial Austrian Cuisine

Für diese originellen österreichischen Kochbücher wurde edles Geschirr zur Verfügung gestellt von:

Firma Rechberger GesmbH
Detailhandel mit Glas, Porzellan, Haus- und Küchengeräten
A-4040 Linz/Urfahr, Ferihumerstraße 6
Tel. 0732/731413, 732175
Fax 0732/732175-22

Wir danken der Firma Rechberger sehr herzlich.

Abfrischen. Unter fließendem kalten Wasser abkühlen

Abtrieb. Schaumig (meist aus Butter) gerührte Masse

Al dente. „Bißfest", d.h. nicht zu weich, kochen (etwa bei Nudeln oder Gemüse)

A point. Auf den Punkt, nicht zu roh und nicht zu durch, gebraten

Anschwitzen. In heißem Fett kurz hell anrösten

Blanchieren. Kurz in siedendem Wasser überbrühen

Crème fraîche. Dickflüssiger Rahm zum Legieren von Saucen oder Suppen

Crêpes. Hauchdünne Palatschinken

Croûtons. In heißem Fett geröstete Brotwürfel (meist als Einlage für Cremesuppen)

Farce. Cremige Fülle aus Fleisch oder Fisch

Flambieren. Mit hochprozentigem Alkohol (etwa Cognac) übergießen und dann anzünden

Fond. Konzentrat, das durch langes Dünsten oder Kochen von Fischkarkassen, Fleisch- oder Geflügelknochen gewonnen wird und zur Geschmacksverfeinerung von Saucen verwendet wird

Frikassee. Weißes Ragout von hellem Fleisch (Geflügel, Kalb etc.)

Gratinieren. Bei starker Oberhitze im Backrohr überbacken

Hautgoût. Intensiver Wildgeruch, der durch längeres Abhängen entsteht

Jus. Bratensaft oder brauner Fond

Karkassen. Knochenreste von Fisch oder Geflügel (s. Fond)

Kasserolle. Pfanne mit hohem Rand

Legieren. Saucen und Suppen etwa durch Eidotter oder Schlagobers binden, d.h. mollig machen

Montieren. Eine Sauce oder Suppe durch schnelles Einrühren von kalten Butterstückchen binden

Nappieren. Etwas mit einer Sauce überziehen

Panieren. Fleisch, Fisch, Gemüse etc. zuerst in Mehl, dann in verschlagenem Ei und abschließend in Semmelbröseln wenden

Parieren. Bei Fleisch (oder Fisch) alles Unnötige wie Häutchen und Sehnen entfernen

Pastete. Im Backofen gebackener Teigmantel, der mit süßer oder pikanter Farce (Fülle) gefüllt ist

Pochieren. In heißem Wasser knapp unter dem Siedepunkt ziehen lassen

Ragout. Würfelig geschnittenes Fleisch, Gemüse oder Fisch in einer pikanten, cremigen weißen oder braunen Sauce

Reduzieren. Längeres Einkochen von Flüssigkeit (Wein, Bratenrückstand) bei kräftiger Hitze zur Herstellung der gewünschten Konsistenz von Saucen

Sautieren. Kurz, aber kräftig anbraten

Spicken. Fleisch mit langen Speckstreifen durchziehen, wofür man Spicknadeln verwendet, damit das Fleisch (Wild, Rindfleisch) saftiger wird

Terrine. Pastete, die nicht von einem Teigmantel, sondern beispielsweise von Kohlblättern oder Speckscheiben umhüllt und im Wasserbad gegart wird

Wasserbad. In ein größeres Gefäß (Kasserolle oder Bratenpfanne) heißes Wasser einfüllen und darin das in einem kleineren Gefäß eingefüllte Kochgut (Terrinen, Saucen oder Schokolade) erhitzen

Rezeptverzeichnis

Renate Wagner-Wittula,
wurde in Addis Abeba geboren, studierte Germanistik und Kulturelles Management, langjährige Tätigkeit in Restaurantguide- und Kochbuchverlagen, Mutter zweier Kinder und Köchin aus Leidenschaft, Autorin mehrerer Reiseführer sowie verschiedener Kochbücher, lebt in Wien

Christoph Wagner,
stammt aus Linz, Gourmetjournalist und Autor zahlreicher Kochbücher und gastrosophischer Werke; ständiger Gourmetkolumnist bei „profil"; Herausgeber von „Christoph Wagner's Restaurant- und Wirtshaus Guide", lebt in Wien